ENZYKLOPÄDIE DER PHILOSOPHISCHEN
WISSENSCHAFTEN IM GRUNDRISSE. 1817

哲学科学
全书纲要

1817年版

〔德〕黑格尔 著

薛 华 译

商务印书馆
创于1897 The Commercial Press

Georg Wilhelm Friedrich Hegel

ENZYKLOPÄDIE DER PHILOSOPHISCHEN WISSENSCHAFTEN IM GRUNDRISSE

(1817)

Georg Wilhelm Friedrich Hegel: Gesammelte Werke. Band 13.

In Verbindung mit der Deutschen Forschungsgemeinschaft
hrsg. von der Nordrhein-Westfälischen Akademie der Wissenschaften.
In Verbindung mit der Hegel-Kommission der Nordrhein-Westfälischen Akademie und
dem Hegel-Archiv der Ruhr-Universität-Bochum

Enzyklopädie der philosophischen Wissenschaften im Grundrisse:1817,
unter Mitarb. von Hans-Christian Lucas und Udo Rameil
hrsg. von Wolfgang Bosiepen und Klaus Grotsch.
Felix Meiner Verlag Hamburg, 2000
.ISBN 3-7873-0904-7

谨以这一译本

献给

贺麟　先生

Encyklopädie

der

philosophischen Wissenschaften

im Grundrisse.

Zum Gebrauch seiner Vorlesungen

von

D. Georg Wilhelm Friedrich Hegel,

Professor der Philosophie an der Universität
zu Heidelberg.

Heidelberg,

in August Oswald's Universitätsbuchhandlung.

1817.

哲学科学全书纲要

海德贝格大学哲学教授

乔治·威廉·弗利德里希·黑格尔博士　著

用于他的讲课

海德贝格，

于奥古斯特·奥斯瓦尔德大学书局，

1817 年

目　录

【前　言】

　　和我的思想本来曾愿成为的不同，我先把这一统观哲学全范围的概要公之于世，其最直接的缘由是需要给听取我的哲学讲演的听众提供一本基础教程。

　　一本纲要性著作所具有的本性不但不允许依各种观念的内容对它们作甚为完全的发挥，而且尤其限制对它们的系统推导作出发挥，而只有这种推导才定然包含着人们在另外场合以证明所指谓的东西，和对一种科学的哲学来说不可或缺的东西。本书的书名应该一方面能够表明一个整体所具有的幅度，另一方面应该也能表明其意欲把细致方面留待口头讲授的意图。

　　但是如果以一种有意简要的方式所应讲述的内容是一种已然假定的和众所周知的内容，那么在一本纲要中更多就不外是要作一种外在合目的性的安排和处理。由于我们现在的阐述并非属于这种情形，而是依据一种方法对哲学提出一种新的论述，并且如我所希望的，这种方法作为唯一真实的、与内容同一的方法将还得到承认，所以假使情况先允许我如同就整体的第一部分、即逻辑那样，已把一部较详尽的著作交给读者，关于哲学的其他部分同样也先行有一较详尽的著作，那我就真可以认为这一做法对于哲学的这种新的论述，对于公众界才是更有好处的了。此外我以为，虽然那种内容与之相应而更接近于表象和经验熟知的方面，在现在的阐述中不能不自始就加以限制，那些转化环节也只能是一种须得通过概念才发生的中介，但在这些转化方面也已明显做到一步：从进展上说，方法的东西使自己既与其他一些科学所寻求的单纯外在的次序充分区别开来，又与哲学著作中一种已成惯例的做法充分区别开来，这种做法以一种图式为前提，以之和第一种方式所做的一样把材料外在地平列起来，而且比前者所做的还更为任意，通过极为奇怪的误解，意欲用偶然性和任意性的联结来满足概念的必然性。

　　我们曾看到，同样的任意性还侵袭哲学的内容，寻求思想冒险，在有段时间内极力影响怀有真纯情志的诚实的意向，但它此外也被看作本身已发展到疯癫程度的胡闹行为。代替令人感佩或者癫狂的东西，其内蕴更加常见和更为真正可让看出的是一些尽人皆知的老生常谈，适如形式可以看出是有意在方法上单纯提供一种轻易就能得到的趣谈的做法，外加种种离奇的联结，和生硬地标奇立异，同样地，在严肃正经的表情后面一般可以看出的是对自己和对公众的欺骗。另一方面，与此不同，我们也曾看到那种不求甚解的作风给思想贫乏盖上一种自作聪明的怀疑主义的印记和自谦式的理性批判主义的印记，通过把各种观念化为一空，以同样的程度加强自己的空虚傲慢。这两种精神倾向在相当长时间内戏弄德国人的严肃认真气质，使其更深沉的哲学需要陷于疲惫，结果是招致对哲学科学采取一种冷漠态度，甚至是那样一种蔑视态度，以致现在有一种如此自称的谦逊精神也来谈论哲学中最深刻的东西，并且否弃它，以为可以自负地否认它是理性的认识，而这种认识的形式原是人们先前所理解的证明。

　　上述的第一种现象可以局部地看作新时期中年轻的快乐精神，这种精神在科学领域和政治领域都展现了出来。如果这种快乐精神是在狂放地欢迎重获青春活力的精神的朝霞，未经较高深的劳动就径直来欢享理念，在一个时期内沉湎于理念呈现出的希望与前景，则它也较容易调理好自己的过分举动，因为它是以一种核心为基础，而它给这一核心周围罩上的薄雾也必会自行消散。但另一种现象就比较恼人，因为它使人看到的是疲惫懈怠和软弱无力，而且力图用一种虚浮傲慢的样子来掩饰这种疲惫无力状态，仿佛它已胜过有史以来那些哲学精神，但却是误解它们，而在绝大多数场合下乃是误解了自己。

　　不过令人较为快慰的是，同样可体察到和再次提明与前述两者对立，对哲学的兴趣和对更高认识的严肃的爱如何纯真质朴而不带虚骄自负地保持了下来。如果说这种兴趣曾每每更多求助于一种直接知识的和情感的形式，那么现在与此相反，情况也证明它有内在的进一步达到理性明见的萌动力，而唯有这种理性明见才会给人以人的尊严；对此最好的途径是使这种兴趣本身认识到那一更高的观点只有作为哲学知识的结果才会形成。这样，那种似乎显得可以轻视的东西至少就被它承认为条件了。我这里提供一本导论或论著，这一尝试乃是奉献于这种认识真理的兴趣，以期满足它的需要，但愿这样一种目的有助于这一尝试得到惠纳。

海德贝格，1817 年 5 月 |

［1817 年原版］目次

B.
自然哲学．

C.
精神哲学．

导　论.

§. 1.

与哲学有别的其他各门科学具有这样一些对象，它们是被假定为直接由表象所赋予，因而在科学开端也被假定为现成接受下来的，恰如那些在进一步发展中被认为不可少的规定也是从表象中接纳而来一样。

这样的一种科学自认不必对它所处理的对象本身的必然性作出辩护，整个数学、几何、算术、法学、医学、动物学、植物学等等学科，被认可现成假定存在着一种量，存在着空间、数，存在某一法权，种种疾病、动物和植物等等。这就是说，它们都是从表象中作为已然现成的加以接受的。人们不允许自己想到去怀疑这类对象的存在，和前来要求能依据概念证明自在自为地必定有一种量，有空间、疾病、动物和植物等等存在。关于这样一种对象首先被提及的乃是熟知的名称。这种名称是固定的，但也只是当下提供事物的表象。但关于事物却也应当陈述其进一步的规定。这些规定当然也可以同样是从直接表象中接受来的，然而这里已很容易显示出一种困难。即让那样一些规定得到理解，关于这些规定同样会被直接认许为它们似乎是在对象中现成存在的，同时又是本质性的。说到事情的形式方面，那么相应被作为前提的是逻辑，关于定义、划分等的学说；至于说到内容，则允许在此以经验方式进行处理，以便在自身和他人那里找出那种与同类标志相符、事实上在一般对象的表象中可能现成找到的东西，这样的事实随之已很可能是某种归于争议的东西。

§. 2.

反之，哲学的开端却并不便当：即以它的对象而言，就必然会立即遭到怀疑和陷于争论。第一，就这种对象的内蕴来说即是如此，这是因为，如果对象不应单纯陈述为表象的对象，而应当陈述为哲学的对象的话，它在表象中是不会碰到的，甚至从认识方式上来说是和表象对立的，并且毋宁说表象活动应当是通过哲学而被超出它自身。

§. 3.

第二，就形式来说，哲学的对象会遭遇到同样的麻烦，因为它在开端之时是一种直接的对象，但依据它的本性又有一种特性：它应当把自己表现为经过中介的东西，应当通过概念被认识到是必然的，与此同时，认识方式和方法又不能是被假定的，因为其考察正属于哲学本身的范围之内。

只要以为除了在表象本身内给表象展示完全不确定的哲学对象仿佛就再无须操心，那人们似乎也就可以给自己找条逃路了，像通常那样把希望寄诸正处在感性知觉和欲望这一开端的人自己很快感到要被推离超出这一开端那样，达到对于比他现在更高的一种东西的感觉和预感，对一种无限存在和无限意志的感觉和预感，也就是说诉诸一般的意趣，这种意趣关心这样一些问题：什么是灵魂，什么是世界，什么是上帝，以及我能够认识什么，我应当按照什么行动，我能够希望什么，等等。进而似乎可以求助于宗教及其对象。尽管这样一些问题和这类对象本身立即可以在被接受时遭到怀疑和否定，然而直接意识，尤其是宗教依其方式事实上已局部包含着对那些问题的解决，包含着关于那些对象的某种学说。但是这不等于那种独特的、它们依此才是哲学内容的东西已得到表述。因此不诉诸权威和公认，就是从对象上人们自己也知道哲学会是指什么而言了。事实上，本节提出的通过概念认识必然性的要求，并未得到承认，因为有那么多的人，他们以为自己已掌握了哲学，尽管他们恰恰脱离了对必然性的认识，并且应该说他们原是从直接的感觉和直观活动中取得自己的对象，甚至还把感知的这种直接性称为理性。这正像牛顿和英国人在这一意义上把实验物理学也称为哲学，依此也把电动机器、磁装置、气泵等等称为哲学工具，虽说这里终究没有什么铁木之类东西的组合好称为哲学工具，而只有思维似乎可以被称为哲学的工具。*）

§.4.

因为哲学的对象不是一种直接的对象，所以这种对象的概念和哲学本身的概念也只能在哲学内部加以把握，在此有关对象的概念以及哲学在哲学本身之前真正所说的，因此乃是某种预示性的东西，本身还是没有得到论证的，然而正因为如此也是某种无可辩驳的东西，并须看作是意在提供一种未规定的、仅仅暂时和历史的相识来加以接受。

§.5.

以此哲学在这里乃是作为理性的科学加以对待的，更确切地说乃是就理性意识到它自身之为一切存在而加以对待的。|

一切与哲学知识不同的知识都是关于有限东西的知识，或者说是一种有限的知识，因为整个来说理性在其中作为一种主观的知识是以一种既定的对象为前提，因而在对象中没有认识到自己本身。如果说在自我意识中也会找到一些对象，如权利、义务等等，那也是一些个别的现象，与之并列并在其外，从而正是在自我意识外，宇宙的其余丰富内容还可以如然自处。宗教的对象自为地是无限的对象，其在自身内应能包括一切，但宗教的表象常是对自身不忠实的，因为对它来说，世界同样又是在无限的东西之外保持独立的，它言称为最高真理的同时应当保持为不可探究的，不可认识的，保持为秘密，是一种给定的东西，并且在只有一种给定的东西和外在东西的形式中对这种从事判别的意识保持存在。在宗教中，真理的东

---

*）　连现在由汤姆森编辑出版的杂志用的也是这样一个名称：哲学年鉴或化学、矿物学、力学、自然史、农业与工艺艺术集刊。由此大家自己可以想象一下，这里被称为哲学材料的是些什么样的材料。|

西一般是在感觉、直观之内，在预感、在表象和祈祷之内，虽说也交织着思想，但真理在此并不是在真理的形式之内。宗教一般地构成一种固有的、与其余意识判然分离的范围，尽管它的内心是无所不包的。哲学也可以看成是自由的科学。因为在哲学中各对象的异己特性消失，从而意识的有限性也会消失，所以也唯有在它之内偶然性、自然必然性以及一般地同某种外在性的关系才会中止，以此依存性、渴求与恐惧也达于中止。只有在哲学中理性才全然在它自身。由于同一理由，理性在这门科学中也没有一种主观合理性所具有的片面性，理性并非似乎是某位独特能者的财产或某种特殊神赐幸运的赠品，或者仿佛某种不幸的差遣物，这和艺术才能恰恰相反。由于理性不外乎是它自身意识中的理性，所以按它的本性它是能够成为普遍的科学的。同样地，理性也不是那种唯心主义，在其中知识的内容只是具有一种通过自我设定的、封锁在自我意识之内的主观产物的规定。当理性意识到它自身是作为存在时，主体性，亦即那种自我，就得到了扬弃，并沉潜到理性的普遍性中去，这种自我知道自己是作为一种同各种客体相对的特殊的东西，知道它的那些规定是作为在它之内而又同处在它之外或在它之上的他者有别的规定。

§. 6.

哲学之为哲学科学全书，是就其整体的幅度是通过确定陈述诸个部分加以阐述而言，而它之为哲学的全书，是就其诸部分的分别与联系是按照概念的必然性加以阐述而言。

由于哲学完全是理性的知识，所以它的每一个部分都是一个哲学的整体，是总体的一种把自身在其自身内封合起来的圆圈，不过哲学的理念在这种圆圈内是处在一种特殊的规定性之内，或者说乃是一些要素。个别的圆圈之所以会突破自身，是因为它在自身内是总体，它也是它的要素的界限，并会奠定起进一步的一个领域。因之，整体把自己表现为是一些圆圈组成的一个圆圈，那些圆圈中的每个圆圈都是一个必要的环节，这样，哲学各个独特要素的体系就构成了整体的理念，而整体的理念同样也显现在每一个别性的要素之内。

§. 7.

哲学本质上也会是全书，因为真理的东西只有作为总体，只有通过对它的那些区别进行判别和规定，才能够是它们的必然性和整体的自由。所以哲学必然是体系。

一种没有体系的哲学思考决不可能是科学的哲学思考；它除了自为地更多表现出一种主观的思考方式，就它的内容来看它就是偶然的了，因为内容只有作为整体的环节才具有自己的辩护，但在整体之外就是具有一种没有论证的假定或者一种主观的确信了。

§. 8.

把一个哲学体系仅仅理解为一种关于某一特定的、同其他一些原则相区别的原则的哲学，是错误的。正好相反，真正的哲学所具有的原则恰恰是在其自身之内包含所有那些特殊的原则。真正的哲学既在其自身显示出这一点，它的历史同样也在那些相异的现象性哲学上，一方面只是展示处于不同学养阶段的整一的哲学，另一方面也展示出那些特殊的原则仅仅是同一个整体的分支，这些原则中的一个原则曾作为某一体系的基础。

在这里，普遍的东西和特殊的东西必须按照整体的真正规定加以区别。形式地看待普遍的东西，把它和特殊的东西并列起来，普遍的东西也会成为某种特殊的东西。这样的做法在日常生活对象上会自然而然地让人奇怪，看作不妥和不谙事理，例如当一人要求得到水果却拒绝接受樱桃、梨子、葡萄等等——因为这些据说是樱桃、梨子、葡萄，却不是水果，就会如此。但是对于哲学，人们却允许用这种做法为蔑视哲学进行辩护，因为据说存在的是种种如此互异的哲学，每一哲学仅仅是一种哲学，而不是哲学本身，好像樱桃不也是水果似的。这是一方面。另一方面，人们又允许把一种以普遍为原则的哲学同一种其原则是特殊东西的哲学并列起来，甚至将其同一些学说并列起来，这些学说下保证地说根本就谈不上有什么哲学，它们把哲学这个名称用于一种思想运动，这种思想运动把真理的东西假定为直接的和既定的，并依此作种种反思。

§. 9.

不过作为全书，这一科学不能经详细展开它的特殊分化而阐述，而须限于那些特殊科学的基本概念和入门大要。

　　为了能是真理的东西，部分就必须不仅仅是一种个别化的环节，而必须是一个总体，在这种情况下，各个特殊部分中要有多少才适于构成一种特殊的科学，这是完全无定数的。因此，哲学的整体才真正构成整一的科学，但它也可以被看作是众多特殊的科学形成的一个整体。|

§. 10.

在一种科学中是真理的东西，是通过和借助于哲学才如此，因此哲学全书统含着一切真实的科学。

　　哲学的全书有别于通常另一种全书之处在于，后者是一些科学的一种聚合，这些科学是以偶然的和经验的方式收进的，其中也有那样一些科学，它们只有科学之名，除此之外本身也就是一些知识的汇编。在这样的聚合体中，使这些科学一道达到的统一性因它们是外在地被收纳的，也同样是一种外在的统一性，亦即某种次序。此外，由于材料的本性在此也是偶然的，这种次序由于同一理由必然停留为一种尝试，并且一直显示出种种欠妥的方面。哲学的全书除了 1）排除这样一些单纯的知识聚合体，例如语言学之外，它 2）也把那些以单纯随意性为其根据的聚合体排除在外，例如纹章学之类，这种性质的科学是完完全全实证的科学。3）其他一些科学也被称为实证的科学，然而它们有一种合理性的根据和开端，它们拥有的这一部分属于哲学，但实证的方面依然是它们所特有的。在哲学之外自为地保持存在的那些科学，一般都是这种类型，不过它们的实证之处却性质各各不同。1）它们的开端，即真正真实的东西，在它们之内把偶然的东西作为自己的终点，因为它们须得使普遍的东西降为经验的个别性和现实性。在这一偶然性和可变性领域，概念不可能得到贯彻，而只有一些根据得到贯彻。例如法学或者直接税与间接税制，要求作最终确切的决定，这种决定处于概念的自在和自为的规定性之外，所以允许有一种幅度可以规定，这种幅度按照此一根据可以如此把握，而按照彼一根据又可以另作把握，不能达到什么确然最终的东西。同样地，自然理念在其个别化时也会在偶然性中消失不见，而自然史、地理学、医学等也会陷入现实性的各种规定、区别和类别，这些规定等等都是由外在偶然性和由演示来规定的，而非通过理性来规定。甚至历史也属于这种情形，如若理念是历史的本质，但理念的现象是在偶然性中和在随意领域的话。2）即以这样一些科学不把它们的概念认作是有限的，且还展示这些概念和它们的整个范围向更高一种范围的转化，但却把它们假定为全然有效的，这些科学也是实证的。适如前种有限性是质料的有限性，与这种形式的有限性相联系的是3）认识根据的有限性，这一方面是因为这些科学自身的行为是作推断性思考，但另一方面也是因其认识根据乃是感觉、信仰、他人的权威，和一般地外在和内在直观的权威，宗教及那种意欲把自身建立在人类学、建立在意识的事态、建立在内在直观或外在经验基础上的哲学，如同自然史等等一样，都属于这种情形。4）情形也可能是，科学阐述的形式是经验的和没有概念的，而此外富有思考力的直观对仅是一些现象的东西像概念的内在序列那样作出安排。属于这种情形的还在于，各种条件的那些外在和偶然的状况由于所汇集现象的多种性和对立而扬弃自身，以此普遍的东西就出现于思考面前。用这种方式，一种有思想的实验物理学和历史等等将可能以一种外在的、反映概念的形象表现关于自然和人类事功与事件的理性科学知识。

§. 11.

科学的整体是对理念的阐述，它的区分也因此只有从理念出发才能得到理解。因为理念乃是与它自身等同的理性，理性为了是自为存在的而自己同自己对立，并对于自己是一种他物，而在这一他物中又是与它自身等同的，所以科学也把自己分作三个部分，即1）逻辑，自在而自为的理念的科学；2）作为理念在它的他在中的科学，即自然哲学；3）精神哲学，精神在此作为从理念的他在中返回自身内的理念。

1）置于一门科学本身之前对它作的区分，先还是对它的对象作的一

种外在反思，因为对象的概念所具有的区别只有通过对这种概念的认识才有可能产生，但这一认识却正是科学本身。这样，哲学的区分便是对那种通过理念本身固有的必然性才产生自己的东西的一种预示。2）前面在 §. 6.已经指明，各特殊科学的区别只是理念本身的规定，而理念正是在这些不同的要素中表现自己。在自然内并不是某一与理念不同的他物，它似乎须加以认识，而是理念在外化的形式内；同样，同一理念在精神内是作为自为地存在着的，和自在而自为地变易着的。理念在其中进行显现的这样一种规定，进一步说乃是一个流动着的环节，因此个别的科学也正是一方面把它的内容认识为存在着的对象，而另一方面也同时直接地是在其中认识对象向自己更高圆圈范围的转化。所以表现区分有一种不得当之处，它把各特殊部分或科学互相并列而置，似乎它们仅仅是静止的，在它们的分别中是实体性的，就像是些类属。|

A.

逻 辑 学.

引 论.

§. 12.

逻辑学是关于纯粹理念的科学，也就是说，是关于思维的抽象要素内的理念的科学。

对整个哲学前述概念适用的，也适用于这一引论中包含的规定，即它们都同样是些预示，或者说，它们同样都是出于概观整体和依据整体概观加以陈述的规定。当然可以说逻辑是关于思维及其规定和规律的科学，但是思维最初却是知识与自身的纯粹的同一性，所以也只构成普遍的规定性或要素。在这种规定性中，理念是作为逻辑的理念。理念诚然是思维，但却不是作为形式的思维，而是作为思维的那些独特规定的总体，思维自己给它自身以这些规定。逻辑所涉及的不是直观，起码不是像几何学那样与抽象的直观相关，同样也不是与另外一些感性表象相关，而是同纯粹的抽象相关，它并且要求有一种力量，使自己抽回纯粹思想，牢固地把握它，并使自己运动了这样的思想，在这种情况下，逻辑乃是最困难的科学。另一方面，逻辑似乎也可以被看作是最容易的科学，因为内容无非是自己的思维及其通行的规定，而且这些规定同时又是最单纯的。就主体为了其他目的要给自己以一定的教养来说，逻辑的功用涉及同主体的关系。从事逻辑教养在于主体在思维中得到训练，因为这门科学是思维的思维。但是就逻辑的东西是真理的绝对的形式，并且超过这一点乃是纯粹真理本身来说，事情便是某种完全与单纯某种功利的东西不同的东西。

§. 13.

逻辑的东西按照形式有三个方面：α）抽象的或知性的方面，β）辩证的或否定性理性的方面，γ）思辨的或肯定性理性的方面。

这三个方面并非构成逻辑的三个部分，而是每一逻辑—实在的东西所具有的一些环节，也就是说，每一概念或每一真理的东西一般具有的环节。另外，它们也可能被归于第一个环节，知性的东西，并以此被互相分离开来，但是这样一来它们也就不是在它们的真理性内加以考察了。

§. 14.

α）思维作为知性还停留在固定的规定性以及这种规定性与其他规定性对立的差别性上，并且这样一种被限定的抽象的东西，对于知性来说是自为地存在着的和持续存在着的。|

§. 15.

β）辩证的环节是这样一些规定固有的自我扬弃活动和它们向它们对立规定的转化过渡。

1）辩证的东西同自为的知性分开来看，尤其是在一些科学概念中加以指证时，构成了怀疑主义；怀疑主义作为辩证东西的结果包含着单纯的否定。2）辩证法通常被看作一种外表的艺术，这种艺术随意地在确定的概念中造成一种混乱，在它们中造成矛盾的一种单纯的幻象，结果似乎并非这些规定是种无足道的东西，而倒是这种幻象；知性的东西则与之相反，毋宁说倒是真理的东西。但是辩证法毋宁说倒是须得视为知性规定和一般事物与有限之物固有的真实本性。反映首先是对分离的规定性的超越，也是进行一种关联，通过关联分离的规定性就被设定于关系之内，附带也在其分离地位中保留下来。反之辩证法却是这一内在性的超越活动，在其中知性规定的片面性和局限性把自己表现为它们所是的东西，即表现为它们的

否定。辩证的东西因此构成前进过程的推动灵魂，并且是内在联系与必然性唯一由以进入科学内容的原则，恰如真正而非外在的对有限东西的飞越一般正取决于这一原则。|

§.16.

γ）思辨的东西或肯定性理性的东西在各规定的对立中把握它们的统一性，把握那种包含在这些规定的转化和它们解体过程中是肯定的东西。

1）辩证法具有一种肯定性的结果，因为它有一种确定的内容，或者说，因为它的结果真正看来并不是空洞的、抽象的无，而是对某些规定的否定。这些规定还是包含在结果中的，其原因恰恰在于结果不是一种直接的空无，而是一个结果。2）因此，尽管这一理性的东西是一种被思维的和抽象的东西，它同时却又是一种具体的东西，因为它不是单纯的、形式的统一性，而是不同规定的统一性。因之，哲学整个来说完完全全与单纯的抽象或者形式的思想毫不相关，而惟独与具体的思想相关。3）在思辨逻辑中包含着单纯的知性逻辑，从思辨逻辑立即可以搞出知性逻辑，为此不需要别的，只需要从中去掉辩证的和理性的东西，而这样一来思辨逻辑就会变成通常的逻辑所是的东西，这是把诸多思想规定组合在一起的一种故事集，这些规定在其有限性中被当作是某种无限的东西。

§.17.

在逻辑中自在而自为的思维的规定是按照内容来加以考察的，以这种方式，这些规定便是具体的纯粹的思想，亦即概念，它们含有大全具有的自在自为存在根据的价值和意义。因此，逻辑本质上是思辨哲学。

在思辨的东西中，形式和内容总体上说并不像它们在本节和前节曾被分开那样，是分离开的。理念的形式是它的规定，我们也真说不出除了它的这些规定本身外，从什么地方还应能有另一种真实内容到来。反之，单纯知性逻辑的形式不仅不是某种自为地真实的东西，而且永远也不可能完全是真实的东西的形式，毋宁说既然它们作为单纯形式的东西已因同内容本质上的对立所困扰，那么它们进而也不过是有限东西的形式和非真实物的形式。但是，因为逻辑作为纯思辨的哲学最先是思维中的理念，或者说绝对还是包容在自己的永恒性范围内，那么逻辑从一方面说是主观的逻辑，因而是第一科学。它尚缺少理念完全客观性的方面。但是它并不仅仅保持为实在东西的绝对根据，相反，它通过把自己显示为绝对根据，同样也就正好证明它乃是现实普遍的和客观的科学。在其概念最初的普遍性之内，逻辑看似是自为的，是主观的和特殊的事情。感性世界及具体世界的全部丰富性，理智世界的全部丰富性，似乎是在这种事务之外从事自己的活动。但是因为这种丰富性在有关现实部分的哲学内也是给以认识的，并且这一现实部分也已表明自己是在向纯粹理念返归的，在其中取得自己的终极根据和真理性的，所以逻辑的普遍性以此便不再把自己表现为是同那种现实的丰富性对立的一种特殊性，而毋宁是包含着它的，是真实的普遍性。逻辑随之就获得思辨神学的意义。

§. 18.

逻辑在思辨哲学的根本含义上，成为代替先前曾被称为形而上学并作为一种与它分离的科学而加以研讨的东西。逻辑的本性和科学的认识活动已移于其上的观点，依照形而上学的本性获得其前行的切近的阐发，尔后是从批判哲学，并通过批判哲学，形而上学达到了它的终结。为了这一目的，这些科学的概念和逻辑的东西同这种概念的关系应当较详尽地给以论述。此外，形而上学也只是在哲学历史方面才是某种先前的东西，自为地来看，它一般地则是关于理性对象的单纯知性观点，正如它在近些时代事实上已变成的那样。

§. 19.

所以这门科学曾把思维的规定看作事物的基本规定。它的前提是认为存在的东西为了得到思维，应自在地来被认识，由于这一前提，它比新近的批判的哲学思考站得更高。但是1）它将那些规定在其抽象中看作自为地有效的，能作为真理东西的宾词的。它曾一般地假定，对绝对的认识似乎可以通过给绝对附加一些宾词这种方式来发生，它既未按知性的规定所特有的内容和价值来探讨这些规定，也未探讨通过附加宾词规定绝对物所需要的这一形式。

这类的宾词可以是定在之类，如上帝具有定在这一命题；可以是有限性或无限性，如问世界是有限的抑或无限的；也可以是单纯的、复合的，如以为灵魂是单纯的这种命题；此外，如说事物是同一体，是一个整体等等。

§. 20.

2）这门科学的对象确实曾是那些自在而自为地属于理性的总体，即灵魂、世界、上帝，但形而上学却是从表象中接受这些总体，在把知性的规定运用于它们时，使它们作为既成的给定的主词而成了基础，它只是从那种表象获取尺度，来衡量各种宾词是否恰当和充分。

§. 21.

3）它曾以此而变为教条主义，因为它曾必须按照有限规定的本性，认定那些命题形成的那类对立的两种论断中一种论断必是真的，而另一种则必是假的。

§. 22.

形而上学在赋予自己以条理形态之后，其第一部分曾由本体论，即关于本质具有的一些抽象规定的学说所构成。与处于其多样性和有限效力内的各规定相一致，这里缺少一个原则。由于这一点，它们就不能不从经验上以偶然方式接受而来，而它们切近的内容也只能被建立在表象的基础之上，建立在一种保证的基础之上，说我们在一个词语上定是如此想的；甚至不时也以语源学为基础。然而这一情形可能只是触及分析中与语言运用一致的正确性和经验的完全性，但却不触及这类规定自在而自为的真理性和必然性。

如果认为似乎只能谈到一种句子的真理性，并且只能问是否一个概念可以合乎真理地附加给一个主词（如同人们称谓的那样），那么存在、定在、有限性、无限性、复合等等是否会是自在自为真实的概念，这一问题便会是耸人听闻的。非真理性仿佛在于自身会在主词和那种需由主词用以确定宾词的概念之间找出的矛盾。在这样的观念中，概念被当作是一种单纯的规定性。然而概念一般地乃是一种具体的东西，甚至每种规定性本质上也都是不同规定的一种统一性。因此假使说真理进一步似乎也不外是缺乏矛盾，那么在每一概念那里首先就必须观察一下，是否它真会不包含这样一种内在的矛盾。

§. 23.

第二部分曾是理性心理学或精神学，这种科学研究灵魂的形而上学本性，亦即作为一种事物的精神的形而上学本性。

　　不朽过去是从一个范围加以探讨的，在这个范围内，复合、时间、质的变化、量的增减有它们的地位。|

§. 24.

第三部分，即宇宙论，研究世界，研究世界的偶然性、必然性、永恒性、时间与空间内的有限存在，研究世界的变化中那些形式性的规律，此外，也研究人的自由和恶的起源。

　　这里作为绝对的对立面看待的主要是：偶然性与必然性；外在必然性与内在必然性；作用因与目的因，或者一般意义上的因果性与目的；本质或实体与现象；形式与质料；自由与必然；幸福感与痛苦；善与恶。

§. 25.

第四部分，自然神学或理性神学，考察的是上帝的概念或其可能，上帝存在的证明和他的种种特性。

　　a）在这一对上帝的知性考察上，关键首先在于什么样的宾词适合于我们自己在上帝理解上所表象的东西，什么样的宾词则不适合。实在性和否定的对立，或者说，肯定的东西和否定的东西的对立，这里作为绝对的表现了出来。适于知性理解概念那样，相应于概念，最终依然只是关于不确定的本质的空洞抽象，关于纯粹实在性或实定性的抽象。b）有限认识进行的证明包含着一种颠倒的态度，以为要陈述上帝存在的客观根据，于是证明就把自己表现为一种有中介的东西，或者，与我们的认识一致的根据应当仅是一种主观的根据，那么这种依各规定性的知性同一性进行的证明，便不能构成从有限到无限的过渡转化，于是也不能使上帝从定在世界的实定的有限性中解放出来，以致上帝自己曾不得不把自己规定为定在世界的直接的实体；要不有限认识的证明便是这样：上帝仍然是与主体对立的客体，于是在这种方式下仍然是一种有限的东西。c）真正说来，上帝的属性在刚才提到的那些抽象的概念中已沦亡了。但是只要有限世界还是保持为一种真实的存在，而上帝同有限世界相对立保持在表象之内，对上帝与后者关联的种种不同性状的表象也就自行中止了。这些关系在被规定为属性时，一方面作为同有限状态关联的性状（例如公正、慈爱、有力、智慧等等）本身必然是有限性质的，但另一方面又同时应当是无限的。这种矛盾立足于这种观点，只允许通过量上的强化得到贫乏而又暗淡的解决，也就是说，把解决推入无规定的东西，推入 sensum eminentiorem［非凡之想］。但是属性以此对于表象事实上就弄成了无有，而使它单纯可以有一个名称。

§. 26.

这种形而上学曾遭到两种来自相反方面的攻击。（Ⅰ）一种攻击是来自以经验主义为基础的哲学思想，这种思想在感性知觉、在感觉和直观内发现内容是意识内在的或外在的一种事实，或者认为可以从这些中引出内容，它不仅这样来看待表象的一切内容，而且还这样来看待思维的一切内容和规定，它把整个这些经验的事实和对它们的分析都当作真理的源泉，但却或者全然否认超感官的东西，或者至少也否认任何对超感性东西的认识，而仅仅允许思维作为抽象形式或者设定同一性的形式。

§. 27.

（Ⅱ）康德的哲学首先包含着与这一观点对立的观点，它进而对形而上学中运用的知性概念的价值作了研究，关于这些概念它断言说，它们不是发源于感性，而是属于思维的自生性，它们包含着一些关系，这些关系具有普遍性和必然性，亦即客观性。这是些先验（à priori）综合命题。

§. 28.

这一哲学把思维中我的本原的同一性（即自我意识的先验统一性）陈述为知性概念的确定的根据。那些由感觉和直观给予的表象就它们的内容而言是一种多样性的东西，而由于它们的形式，由于感性的彼此相外，它们同样是在自己的两种形式——时间和空间之内。这种多样性的东西，当我使之与自身关联、把它作为结合到同一意识而结合于自身之内（纯粹统觉）时，会以此而被带入同一性，带入一种本原性的联结活动。这种关联活动的确定的方式于是便是那些纯粹知性概念，是那些范畴。

§. 29.

从一方面说，单纯的感知通过范畴的客观性会被提高到经验，但另一方面，由于所给予材料的限定，这些概念作为单纯主体意识的统一性，自为地还是空洞的，并且只有在经验中才会得到自己的运用和使用。

§. 30.

由于这种有限性，这些概念是不可能作为绝对物的规定的，因为绝对物不是在一种感知中给定的。这样一来，知性，或者说通过范畴进行的认识，对于认识自在之物便是无能为力的。

§. 31.

于是洞见这一经验认识的有条件性质的，从而洞见这种认识不外乎提供现象的，正是作为关于无条件东西的能力的理性。但是，当理性依其本性把无限的东西或自在之物作为认识的对象，并因它似乎除此别无他物而欲把范畴运用于这里时，理性就成了飞越的（超验的）了，作出错误推理，并陷入二律背反。因此理性不外只提供出一种形式的统一性来使经验简化和系统化，它是一种规范，不是一种真理的官能，不能提供出一种关于无限东西的学说，而只能提供一种对认识的批判。

§. 32.

于是，这一哲学正当地认识到：知性规定乃是有限的和因此而不能把握真理性的东西的。但是这一哲学是片面的，因为它不是自在自为地考察那些规定，因而不是从它们内容的本性看到其有限性，而是从对立方面，认为它们属于思维着的自我意识，并把它们维持在这一对立面中。

在康德对上述命题的发挥上可以看作一种特殊缺点的是，那些范畴除了仅从列举叙述方面来看，也全然是不完全的之外，它们还是从普通逻辑中经验式地摭拾来的，并未指明所谓的自我意识的先验统一性一般何以能规定自身，这种统一性何以能够进展到那些其为范畴的诸规定的多样性，换句话说，那些范畴按其规定性是未予演绎的。在那些所谓的理性错误推理和二律背反上作为现成前提的又正是那个范畴表，并且所运用的正是后来觉到如此喜爱的做法，它不是作推导而只是把某一对象归入本已现成的一种图式。其他在二律背反的发挥上的不足，我已在我的《逻辑学》（纽伦堡施拉格出版社，1812—1815 年出版）内顺便指明了。此外，在理性的东西上通过知性规定所设定的矛盾乃是本质的和必然的，这一思想自在自为地须评价为近时期哲学最重要和最深刻的进步之一，虽然在纯粹理性批判中事情是这样来表象的，好像这种矛盾不是在这些概念本身，而是仅仅在它们运用于无条件的东西时才插了进来。康德哲学提出我作为纯粹统觉，把我的认识不再放在灵魂事物，放在形而上学的宾词上——无论它是否是物质的，而是放在其真正的本质上，亦即放在自我意识与它自身的纯粹同一性上，放在自由上，这一丰功伟绩同样也必须加以承认。通过把自由理解为所谓的灵魂的本质和实体，对于哲学认识的绝对根据就奠定了。

§. 33.

康德的批判主义因此只是主体性的哲学，是一种主观唯心主义。这一哲学只是在构成经验东西的方面偏离经验主义，但在一点上却与经验主义完全一致：认为理性全然不能认识超感性的东西，不能认识理性的东西和神性的东西。它仍停留于有限的和非真理的东西之内，亦即停留于一种认识活动，这种认识只是主观地以一种外在性和一种自在之物为自己的条件，而自在之物是一种空虚的彼岸，是没有形式的东西的抽象。

§. 34.

这一哲学把对立的这两个方面当作终极的东西，同时恰恰在一点上又超出这两个方面：它把那种知性的认识只认作是现象，把理性的产物只认作是一种片面的、形式的统一性，而把自在之物认作是一种没有规定的空虚之物，这一空虚物作为自在的东西同时却又应当是真理的东西，故而应当包含着概念。

一面承认知性只认识现象，一面当人们在说认识不可能再进一步，这是人类知识活动自然的、绝对的界限，但却又断言知性认识是某种绝对的东西，这就成了极大的不连贯。任何事物之被认作有界限，之被认作有缺陷，只有通过与整体及已完成之物现存的理念比较才会是如此，因此看不出某物名为一种有限或受限定的东西，正包含着对无限或无界限东西的现实性与现在性的证明，这就是缺乏意识了。这里只须想到宗教和伦理的东西也就行了，因为其中就有一种关于绝对的知识，一种诚然没有展开但仍不失为一种知识的知识，这种知识作为一种此岸并不使自己直接与自在的东西对立——就像与某一未知的和无规定的彼岸对立一样，反之，它已在扬弃那种对立，由于固执这种对立，认识活动才保持为主观的，绝对物也才保持为否定的东西。说到伦理的东西，但局部地也还特别有宗教的东西，人们确实已习惯于把理论的东西和实践的东西视为两种特殊的能力或力量，把两者视为仿佛两类寓所。这点一般是与把灵魂表象为一种在自身内恰恰如此根本多样的事物相联系的，正如所想的是原子性的物质一样。但是这种分离同样也属于那些在表象中已固定化的、并且不经进一步批判就认为真实的假定与保证，虽然不难看出这些和同样假定了的自我意识的统一性是相矛盾的，并且似乎也不必说到一种实践能力没有一种理论能力、没有认识该会是何物。

§. 35.

为了现在站到科学的立场，便要求扬弃这些包含在上述哲学认识主观而有限的方式中的那些假定，即1）关于一般有限定而又相互对立的知性规定有确然有效性的假定，2）对于一种给定的、被表象为已然现成的基质的假定，据说这种基质应是用来衡量那些思想规定中某一规定是否会与它一致的尺度，3）假定认识活动是一种单纯使这类现成和固定的宾词与任一给定的基质相关联的活动，4）假定进行认识的主体和它与之无可达于相合的客体的对立，正如在刚提到的对立那里，假定其中每一方据说都同样自为地是一种固定的和真理的东西。

§. 36.

已提出的那些规定必然出现于科学，科学须从它们本身才能指明上述假定是错误的，因此上述假定之需要扬弃与其说是出于因为它们是错误的这种根据，倒不如说是出于另一种根据，即因为它们是属于表象，属于直接的亦即囿于给定的东西的思维，属于意见，总之，是因为它们是给定的东西，和是一些假定，但科学除了自己立意是纯粹思维外，却不假定任何东西为前提。

先前我曾在一种意义上把精神现象学，意识的科学史，作为哲学的第一部分来处理，即精神现象学应当走在纯粹科学之前，因为它是纯科学概念的产生。但在同时意识和它的历史如同其他每种哲学科学一样，并不是一种绝对的开端，而是哲学圆圈上的一个环节。怀疑主义作为贯穿于有限认识一切形式的、否定的科学，同样也似乎能使自己表现为这样一种导论，但是正如上面已说过的，怀疑主义不单会是一条不愉快的道路，而且也会

是某种多余的东西，因为辩证的东西本身是肯定性科学的一个本质的环节。但此外，怀疑主义似乎也只是要非科学地、从经验上寻找一些有限的形式，把它们作为给定的形式加以接受。要求这样完成的一种怀疑主义，无异于要求先行于科学之前的应是怀疑一切，或更准确地说，是对一切绝望，也就是说，认为一切都完全没有前提。这种要求真正说来是决心意欲纯粹作思维，是通过一种自由加以完成的，这种自由抽脱一切，执意于自己的纯粹抽象，执意于思维的单纯性。在现实的认识活动之前应批判研究认识能力，这一通过康德哲学流行起来的要求，初看起来显示出是某种可信的东西，然而这种研究本身就是一种认识活动，说这种研究应当未经认识活动来进行，这是荒谬的。除此之外，设想现实的认识活动前有种认识能力，事实上既是假定关于能力或力量这种未加辨明的范畴或规定，又是在假定以一种主观的认识活动为前提，一种属于前述情况的前提。逻辑另外说来也是那种所要求的研究，但却是以一种比批判哲学的程序更真实的方式，批判哲学的程序本该首先研讨它自己径直作出的那些前提假定和它自己行为的本性。|

§. 37.

纯粹科学或逻辑分作三个部分，分为存在的逻辑，本质的逻辑和概念的或理念的逻辑，即直接思想的逻辑，反映思想的逻辑，离开自身内的反映并在其实在性中于其自身存在着的思想的逻辑。|

第一部分.
存 在 论.

A.
质.

a）存在.

§. 38.

　　纯粹存在构成开端，因为它既是纯粹的思想，也是单纯的直接东西，而最初的开端不可能是什么经过中介的和进一步得到规定的。

　　因此绝对的东西真正最初的定义是：绝对的东西是纯粹存在。

　　这一定义是与众所周知的说法同一的：上帝是一切实在性的总概念。在这里，每种实在性所包含的规定性事实上应该是被抽象掉的，或者也可以说，上帝只是一切实在性中实在的东西，是最实在的东西；由于实在性包含着一种自身内的反映，所以这点已更直接地用如下说法表述出来：上帝是一切定在中的存在。一切针对科学以抽象空虚的存在为发端而可能产生的怀疑与告诫，通过对开端的本性固有东西的简单意识，便会自行解除。存在可能被规定为我＝我，规定为绝对无差别或同一性等等。这些形式可能是鉴于有必要或者以一种全然确实的东西、即自身确信为发端，或者以绝对真实的东西为发端，而被当作那种必须是最初形式的形式。但由于这些形式中每一种形式已经有中介在内，所以它们并非真正是最初的。中介原是走出有别的东西。如果我＝我，或者理智的直观，真正被当作是最初的东西，那么在这种纯粹的直接性中的就不外乎是存在，正如反过来纯粹存在作为不再是这种抽象的、而是自身内包含着中介的东西，便是纯粹的思维或直观活动一样。此外，还出现这种定义形式：绝对的东西是存在或是绝对无差别，之所以会如此，完全只是由于这里在绝对东西的名义下在表象中浮现有一种基质，一种其思想仅仅是包含在宾词中的基质，而事情在此却唯一在于思想。那一主词以及一种命题的形式因此就都是某种全然多余的东西。

§. 39.

这一纯粹存在如此便是纯粹的抽象，因而是绝对否定的东西，这种东西同样直接地看来便是无。

1）由此便产生对绝对东西的第二个定义：绝对的东西是无。当说自在之物是无规定的，完全没有形式、从而没有内容的时，就包含着这一定义的意思。当说上帝只是最高的本质时，情形也一样，因为作为这样的上帝，他是被表述为正好同一的否定性。人们可以把这一否定性多少看作是某一肯定物的无规定性，但肯定物本身却是一种规定性，这一规定性也因此同样应被扬弃。进而说无规定性本身又会被扬弃，因为自在之物和上帝自在地不应当是这种空虚的东西，而应当有一种内容和蕴涵，所以既不应当把规定性，也不应当把相反方面即无规定性归诸它们。2）当这种直接性中的对立已被表述为存在和无，说存在是无这便显得是非常令人惊诧的了，以致人们以为不可不力图把存在固定下来，使存在免于这一转化。在这方面，反思必然醉心于给存在寻觅一种确然的规定，似乎通过这样一种规定，存在便可同无区别开来，例如人们把存在看作在一切变换中保持恒定的东西、无限可规定的物质等等，或者同样不经反思而把它看作随便某一个别的存在。但是所有这样一些进一步的和具体的规定都不再允许存在作为纯粹存在，适如存在在开端这里是直接的那样。由于其纯粹无规定性，存在是无，即一种不可言说的东西；存在同无的区别是一种单纯的意见。这里须做的只是直接确立对于这类开端的意识，意识到这类开端不外是这种空虚的抽象，两种抽象中每一种恰和另一种一样，都是空虚的；要从存在或从这二者找出一种确然的意义，这一本能倾向自身正是那种进而引导这类开端、并给它们以一种真实意义的必然性。这种进展活动正是逻辑的发挥和随后表现自身的行程。为那些开端寻找更深刻规定的反思，是这类规定自己由以产生的逻辑思维，不过不是以一种偶然的方式产生，而是以必然的方式。它们随后获得的每种意义因此须看作只是对绝对物的某种更切近的规定和更真实的定义。这样一种规定或定义随之也不再像存在和无那样，是一种空虚的抽象，而宁可说是一种具体的东西，在这一具体的东西内这两者，即存在与无，是作为环节。由于在这样一些具体物上区别显示了出来，所以区别也同样是一种自身进一步得到规定的东西了。自为的无的最高形式是自由，但就其在自身内会使自己深化到最高强度，并且本身也是肯定而言，自由是否定性。

§. 40.

无作为这种直接的、与自身等同的东西，反过来同样也是与存在同一的东西；存在的真理，以及无的真理，因此是两者的统一性。这种统一性是变易。

1）存在和无是同一的，这一命题对于表象来说显得是一个悖谬的命题，以致表象也许会把它看作不是认真想的。事实上，这个命题也关涉到思维可以指待的最为艰难的情况，因为存在和无在它们的整个直接性中是对立面，也就是说，情形似乎并未有一种规定已被设定于其中一方，这种规定似乎包含着此方同彼方的关系。但是，它们正如前节已指明的那样，却包含着一种规定，那种在双方恰恰是同一的规定。在这种情况下，对它们的统一性的演绎便全然是分析的，正如一般地哲学思考的整个进展作为方法的、亦即作为必然的进展并非别的，而只是单纯设定在一个概念内已包含的东西。但是和存在与无的统一同样正确的也是，它们是完全有差别的，一方不是彼方之所是。然而由于存在和无恰恰还是直接的东西，这一区别在这里就还尚未规定自己，正因为这样，它首先也只是一种不可言说的东西，一种单纯的意见，正如它在存在与无这两者那里一样。2）讥笑存在和无是同一的这句话，或者更确切地说，列数一些荒谬方面，无端保证说它们乃是这句话的结论和运用，这并不要费多大机敏，例如说我的房子、我的财物、呼吸的空气、这一城市、太阳、法权、精神、上帝是否存在，照这句话看来是一样的。这里有个方面是，把一些特殊性的目的，把某种东西对我具有的功利性掺杂了进来，并把问题换为功利性的物事存在与否，是否对我本人来说是漠然无别的。事实上，哲学正就是这种学说，它使人类从无限多的有限目的和意图中解放出来，使人对之持漠然无别态度，以致这样的物事之存在与否，对他自是同一的东西。此外，无论是空气、太阳，还是权利、上帝，只要说到这些，那么就可以说，单纯从存在的规定来看待这类本质性的目的，绝对的实存和理念，乃是无思想的表现。这样一些具体的对象还是某种和单纯存在的东西全然不同的东西，也可以说是某种和非存在的东西全然不同的东西；像存在与无这样一些贫乏的抽象之所以存在，是因为它们恰恰只是开端的一些规定，这些规定是向有的最贫乏的规定，它们不足以表述那些对象的本性。所以，如果把这样一种具体的东西掺杂进来，无思想的表现就得陷入它惯常的情形，它表象中得到的是完全另外一种东西，并把这种东西说成正在谈论的东西，而这里谈论的仅仅是抽象的存在与无。3）很可能有人会轻率地说，大家对存在与无的统一不好作概念把握。但是这一统一性的概念在前面几节是作了陈述的，而这一概念进而说也不外乎是这种已被陈述的东西，对这一统一性作概念把握并不意味着其他，而只是理解把握这一被陈述的东西。可是真正说来，人们是把那种概念把握理解为有更多东西在内，即认为可以对之获得一种更多样的、更丰富的意识，以致这样一种概念会被当作一种具体情况提出来，对这种情况，思维在其通常实践中似乎更为熟悉。正如已提到的，整个哲学不是别的，而就是这种概念的更具体的发挥。但是，即便所说不能作概念把握，它表现出的是不习惯于抛开一切感性的混加来牢固确立抽象的思想，不习惯于把握思辨的命题，那么进而可讲的也就不外乎一点：哲学知识的方式无论如何是与人们在普通生活中所习惯的知识的方式相异的，适如它也和其他一些科学中占统治地位的方式相异。不能作概念把握在这里确实常常也意味着人们似乎不能表象存在和无的统一性，但事实上并非如此，毋宁说每个人关于这种统一性都有无数表象，缺乏这种表象可能只是倾向于表明一点：人们没有在其中任一表象中认识摆在眼前的概念，没有把这种表象认作这一概念的一个范例。其中最切近的一个范例是变易。每个人关于变易都有一种表象，并且每个人也将承认，这是整一的表象；此外他也将承认，如对这一表象加以分析，其中就已包含着存在的规定，且也包含着对存在完全是他物的规定，即无的规定；再者，他也将承认这两种规定在这个整一的表象中是不可分离的，以致变易因此便是存在与无的统一性。一个同样切近的范例是开端。事情在其开端还不存在，但开端并非只是事情的无，而是也含有它的存在。开端已表现出顾及进一步的进展。不过，变易事实上也只是一种开端，它必须进一步走过；由于它是自身内的矛盾，它现在变成一种已变成的东西，变成了定在。

b）定在 .

§. 41.

变易中的存在作为与无一体，和与存在是一体的无，都同样只是消逝着的；变易通过它的自身内的矛盾，归合于一种统一性，在其中存在与无两者都是扬弃了的，变易的结果因而是定在。

唯一可以奠定知识中一种进展和发展的，是在其真理性中牢固把握那些结果。当在任一对象或概念中指明矛盾（而情况是任何地方都没有其中不含有矛盾的东西；这就是说，其中必定可以指明对立的规定。知性进行抽象是粗暴地固执一种规定性，是极力使对一种规定包含的另一种规定的意识模糊起来，并且使之远离），并且当这种的矛盾现在得以被认识时，人们惯常就作出结论说：所以这一对象是无。这正如芝诺首先关于运动做的那样，他指出运动与自身矛盾，所以运动不存在。或者像在一些古人那里，他们表述说：一的东西，亦即绝对物，既不会产生，也不会消灭，以此他们曾把产生和消灭这两种变易的方式，认作非真实的规定。这样一来，这一辩证法便一直单纯停留在结果的否定方面，从同时实际现存的东西中抽离开来，从是一种有规定的结果的东西中抽离开来，在这里则是从一种纯粹的无中抽离开来，然而这种无却是那种自身内包含着存在、并且同样是一种存在的无，而这种存在在自身内又包含着无。这样，1）定在便是存在和无的统一性，在这种统一性内，这两种规定的直接性消逝不见，从而在它们的关系中它们的矛盾也消逝不见了，这乃是这样一种统一性，在其中它们只还是环节而已，2）既然结果是被扬弃的矛盾，所以它是在同自身的单纯统一性形式内，或者说它本身是作为一种存在，不过却是一种带有否定或规定性的存在。

§. 42.

定在是具有一种规定性的存在，这种规定性作为直接的或存在着的规定性是质。但因为无构成这种规定性的根据，于是作为同样是一种直接的东西也就设定起定在的一种非存在，即一种他在，质因此自在地是同他物的关系，因为他物是质自己的环节。质在这种为他存在中同时作为存在着的、作为同它自身的关系，是实在性。|

§. 43.

实在性作为纯粹同自身的关系，对他在是直接的和不相干的，便是某物；某物具有一些质或种种实在性，它们作为它的定在的一种幅度、亦即作为同他物的关系是同它有区别的。

§. 44.

但是在某物中的规定性与某物的存在是同一物，因此他在也不是一种在某物之外的不相干的东西，而是它的固有环节，所以第一，它由于它的质而是有限的；第二，它是可变的，以致可变性属于它的存在。

§. 45.

某物变为一种他物，但他物本身是一个某物，故而它也同样会变为一个他物，如此而往以至无限。

§. 46.

这种无限性乃是单调的或否定的无限性，因为它不是别的，而是有限东西的扬弃，但有限的东西同样又会出现，因而同样又非扬弃了的，或者说，这种无限性只是表现出应当扬弃有限的东西。无限前进只是一直停于表现有限的东西所包含的矛盾，即有限的东西既是某物，又是自己的他物，并且是这些彼此引发的规定持久继续的交替。

§.47.

现在实际上现存的是某物变为他物，而他物一般又成为他物（某物在和某一他物的关系中，本身已经对于这一他物就是一种他物），所以它转化过渡于其中的东西，完全是和进行转化过渡的东西同一的，两者具有的不外是同一的规定，亦即是一种他物。既然如此，那么某物以此在自己的转化过渡中就只是与它自己本身相并合，而这种在转化中和在他物中同其自身的关系，就是真正的无限性。反过来看也一样，被改变的东西是他物，它变为他物的他物。这样存在便又恢复起来，不过却是作为否定的否定，并且是自为存在。

c）自为存在．

§.48.

自为存在作为同其自身的关系，是直接性，而后者作为否定的东西同自己的关系，是自为存在的东西，或者说是一。

§.49.

否定的东西同其自身的关系，是否定的关系，是一作的绝对的排斥，也就是说设定许多的一。按照自为存在的直接性，这些一是多个存在着的东西，而这些一作的排斥，在这种情况下，便是它们作为现存的东西彼此相对进行的排斥，或者说是相互的排他。

§. 50.

但这些多却是那本身是他物的一，因此它们是同一的东西。或者说如就其本身来看，排斥作为许多的一彼此相对发生的否定的关系，同样本质上也是它们彼此相关的关系；由于一在它的排斥活动中使自己与之关联的那些一乃是一体，所以它在它们中乃是使自己与自己本身关联。因此排斥同样本质上是吸引，于是排他的一或自为存在就扬弃自身。在一之内已达到其自在自为特定存在的质的规定性，以此便转化为作为被扬弃的规定性的规定性，亦即转化为作为量的存在。

原子论的哲学是这样一种观点，按照这一观点，绝对东西是把自己规定为自为存在，规定为一和众多的一。作为这些一具有的基本的力，在关于一的概念上显示出的排斥，在此也已被接受。但吸引就不然，反之却是偶然，亦即没有思想的东西，应当把这些一聚集到一起。既然一作为一是固定化了的，那么它与其他的一聚合在一起，就当然须看作是某种完全外在的东西。虚空的东西被认作与原子相对应的另一原则，当虚空的东西被表象为原子之间存在着的无，虚空的东西便是排斥本身。新近的原子学部分地放弃了讲那些原子，而在抓住讲些小的微粒，讲分子，而物理学则一直还坚持这一原则。新近的原子学以此使自己更加接近感性的表象了，但却离开了思维着的考察。另一方面，由于现在把一种吸引力与排斥力并列起来，所以对立诚然是完全化了的，而且人们也已知道多多发现这种所谓的自然力，可是两者彼此的关系，即构成它们具体而实在状况的东西，却至今仍只是一团令人困惑的迷雾。|

B.
量．

a）纯量．

§. 51.

量是纯粹存在，在这种纯粹存在那里，规定性不再是这种存在本身的同一物，而是被设定为已被扬弃的或不相干的。

　　1）就主要用大小来表示定量而言，这一表述对于量是不适宜的。2）数学通常把大小定义为可予增加或减少的东西。尽管这一定义反而又包含着定义本身的成分，故而是有缺陷的，但这却是因为大小的规定是这样一种规定：它乃是被设定为可变的和不相干的，以致即使其中发生一种变化，如外延或内涵的增加，事情的实质也不会中止，例如一处房屋仍不失为房屋，一块红色仍不失为红色。3）绝对的东西是纯量，这一观点曾是就绝对的东西具有物质的规定自为地加以看待的；在物质那里形式虽然存在，但却是一种不相干的规定。在量那里规定性终归并非完全不存在，毋宁说它是量由之产生的诸环节中的一个环节。量也构成绝对东西在概念中的基本规定，即在它这一绝对无差别的东西那里，一切区别都只应当是量的区别。此外，就纯粹空间上实在的东西可以理解为不相干的空间填充而言，或就它在光中形成和变暗的过程都可以理解为一种外在的区别而言，纯粹空间和光等等也可以被看作是量的实例。

§. 52.

量的各个环节在量之内已是扬弃了的，但是以此它们作为量的规定就只是作为量的统一性的规定。量在通过吸引建立起来的自身等同的规定内，是连续的量；在一的规定内，它则是分离的大小。不过，前种量也是分离的，因为它只是多的连续性；后种大小也是连续的，它的连续性是作为许多一所具有的同

§. 57.

定量在它自为存在着的规定性内对其自身的外在存在，构成了它的质，它在这种外在存在正是它本身，并且同自身关联。换句话说，在这里，外在性，即量的东西，与自为存在，即质的东西，恰恰是结合为一的。这样一来，首先建立起来的并不是某种直接的东西，而是一种量的关系。

§. 58.

但是，量的关系的各方面本身还只是一些直接的定量，因此它们的关系本身是一种漠然无干的关系，或是一种定量（指数），或者说，质的规定和量的规定对它们自己还是外在的。但是，就它们的真理性来说，即量的东西本身在它的外在性中是自身关系，或者说规定性的自为存在和不相干性是结合为一的，量的东西本身是度。|

C.
度.

§. 59.

度是质的定量，它最初作为直接的东西是一种定量，一种定在或一种质是与这种定量连在一起的。

当质的东西通过自己与量的东西的统一性已成为一种外在的、不相干的存在时，模态，或者说存在方式，可以相对于质和量而显得是第三种东西。但是，模式一般只表现这种偶然性或不相干性。然而，这一外在的方式同时也是质的存在的表现，正如在谈到处理一件事情时人们说的那样：全部关键在于方式。不过，按照这一质的方面，模式同样也只是不确定的方式。在其真正的规定性内，它是度。

§. 60.

在度之内，由于质和量只是在直接的统一性之中，所以它们的区别就以这样一种直接的方式出现于它们那里；在这种情形下，特殊的定量部分地是单纯的定量，是可以增加和减少的，而又不致使在这种情形下是一种规则的度遭到扬弃，但是定量的变化部分地也是质的一种变化。

§. 61.

无度的东西首先是一种度因其量的本性而越出其质的规定性的活动；但因为另一种量的关系，即第一种量的关系的无度的东西，同样是质的性质，所以，无度的东西同样是一种度；从质转化为定量和从定量转化为质，这样的两种转化又可以被表象为无限的前进。

§. 62.

在其内事实上被设定起来的是：转化活动一般来说会扬弃自己。因为质的东西和量的东西本身是质上有别的，而质在定量的不相干的规定性内同样也会扬弃自己，恰如它是在其中设定起来、并在它的这种外化中只是与它自身相合，所以否定性也就以此而设定起来了，这即是在它的他在中既扬弃自己，又扬弃这种他在。以这种方式使自己同自身发生关系的存在便是本质。|

第二部分.
本 质 论.

§. 63.

本质作为通过它自身的否定性而与自己进行中介的存在，作为直接被扬弃的规定性，作为映象，包含着否定的东西，而且是反映；它是同它自身的关系，这只是因为同它自身的关系是同他物的关系，他物直接地只是一种被设定的和被中介的东西。

绝对的东西是本质。这一规定在这里与绝对的东西是存在这种规定是同一的，因为存在同样是单纯的自身关系。但是，与此同时，这一规定也更高，因为本质是进入它自己之内的存在，这就是说，本质的单纯的自身关系之所以是这种关系，是通过否定否定的东西，或作为纯否定性而实现的。由于绝对的东西被规定为本质，否定性便常常反过来只是从脱离一切有规定的宾词的某种抽象这种意义上来看待。于是，这种否定行动便归于本质范围之外，而本质本身也就仅仅是一种没有它的这一前提的结论，只是抽象的骷髅（caput mortuum）而已。但是，这种否定性既然对存在不是外在的，而是存在固有的辩证法，那么存在的真理性作为进入它自己之内的或在它自己之内存在着的存在，就是本质，并且恰恰只是那种反映构成了本质同直接存在的区别，并且是本质本身固有的规定。

§. 64.

在本质的领域，相对性构成了占统治地位的规定。在存在的领域，同一性是直接的自身关系，否定的东西是单纯的他在，反之，在现在这一领域，一切之所以是设定为存在着的，只是由于一切同时是已超出作为存在着的。这里乃是一种反映的存在，是关系。

A.
纯反映规定 .

a）同一性 .

§. 65.

本质在它自己内映现着，或者说，本质是纯粹的反映，因此，它是同它自己的同一性，同它自己的关系，然而，它却不是作为直接的自身关系，而是作为被反映了的这种关系。

1）就形式的或知性的同一性是固执自己的同一性，并被同区别抽象分离开来而言，它就是这样一种同一性。或者说，抽象毋宁就是设定这种形式的同一性的活动，就是把一种在自身内具体的东西改变成单纯性的形式，不管是将具体物上现成存在的多样性删除一部分而仅取其一，抑或将形形色色的多样性集结到同一种规定性上，以致这里在内容上丝毫没有改变什么。就真实情形来看，两者是同一的东西；因为每一存在，或者每一普遍的规定，作为概念在自身内都是具体的，所以，无论是使得对表象或思维显得是一种单纯同一物的东西保持如此，还是把显得是具体的东西集结到单纯规定性形式之下，这都是同样随意或偶然的事情。2）若把绝对的东西作为一个命题的主词与同一性联系起来，这个命题就可以这样提出来：绝对的东西是与它自己同一的。尽管这一命题是真实的，但它是否是从其真理性来领意的，这还是两可的。在这种情形下，它至少在自己的表述上是不完善的，因为这里所指的是抽象的知性的同一性，即与本质的其他规定对立起来的同一性，或是相反，同一性指的是作为自身内具体的同一性，这些都是没有确定的。如同我们在后面将会看到的那样，同一性是根据，或者在更高的真理性之内来讲，是概念。甚至"绝对的"一词本身，常常除具有"抽象的"一词的意义外，也不再有进一步的意义了，所以绝对的空间和绝对的时间也不外乎仅仅意味着抽象的空间与抽象的时间。
3）本质具有的各种规定也能够被看作本质性的规定，这样，它们就变成某一先定主词的宾词，因为它们是本质自身拥有的规定，于是它们就是自在的本质性的规定，是普遍的本质性的规定。据此人们也赋予这些规定以"一切"这个主词，而由此产生的一些命题已被表述为普遍的思维规律。依此，同一律的提法是：一切都是和它自己同一的，**A＝A**；否定的提法是：A 不可能同时是 A 又是非 A。这一命题或定律不过是抽象的知性的规律，而不是真实的思维规律。事实上，命题的形式已与它本身相矛盾，因为一个命题同样也承许主词与宾词之间有一种区别，但是，这一命题却没有做它的形式所要求做的事情。不过，这一规律首先为后面那些所谓的思维规律弄得失效了，它们被以同等效力与这里的第一个规律并列起来。

b）区别.

§. 66.

就本质是存在的否定性而言，或者就本质是使它自己与它自己关联的否定性、因而是本质对它自身的排斥而言，本质只是纯粹的同一性和它自身内的映象，因此，它本质上包含着区别这个规定。

　　他在在此不再是质的东西，不再是规定性、否定和界限，而毋宁说这些是在本质、在自身关联的东西之内的，所以否定是作为关系、区别、被设定的存在和被中介的存在。

§. 67.

区别是 α）直接的区别，或者说：由于直接性和存在在本质内是被扬弃了的，只是被设定的，所以区别只是一种被设定的区别，是差异，有区别的东西在其中每一方都是它们所是的样子，即都是自为的，对于它们和他者的关系是不相干的，因此这种关系对于它们是一种外在的关系。

也可能有人说，差异是作为被设定的存在的被设定的存在，也就是说，它先是作为映象，正如区别作为在本质内存在的只是一种映象一样。然而，因为作为被设定的存在的被设定的存在是作为否定物的否定物，所以有差异的东西是自为存在着的东西，因而毋宁说是映象的反面。当它卑视相对性，无意单纯在区别中存在，而区别却构成其本质时，自为存在的东西就恰恰因此而没有像它真实所是的那样被设定起来，并也仅仅方始是区别的映象。

§. 68.

由于有差异的东西对它们的区别漠不相干，区别就在它们之外归于一个第三者，即一种进行比较的东西。这种外在的区别作为相关的东西的同一性，就是等同，作为非同一性，就是不等同。

1）等同和不等同是些方式，类似于同一和区别对于知性。两者都在于区别的概念，因为区别是关系，这是构成等同这方的东西，正如区别本身作为区别构成不等同这一面一样。但是因为等同和不等同不外乎只是自身外在的区别，所以在区别之内设定的东西对于事情是否等同来说是漠不相干的，这些规定本身也会互相分离，而等同的东西也只是等同，不等同的东西也只是不等同。如果说比较对于等同和不等同也还有同一的基质，那便是一些方面和着眼点，按照它们事情是等同的，它们和那些方面与着眼点不同，按照这些方面与着眼点事情是不等同的。2）差异现在也已变成一个命题，即这一命题：一切都是有差异的；或者是这样：不存在两个彼此完全等同的事物。在这里，"一切"被赋予了与在第一个命题中加给它的同一性相反的宾词。但是倘若差异只是意指属于外在比较的差异，那么某物就应当是为它自身的，仅与它自己同一的，这样一来，这里第二个命题也就应当是与第一个命题不发生矛盾的。但是差异随之也就不属于某物本身或属于"一切"本身了；它并不构成这种主词的任何本质性的规定，所以第二个命题真正讲来可以全然不说出来。倘若差异是完全没有规定的区别，是单纯的复多性，那么说一切，即这些在其完全复多性中的某物，是复多的，这种命题自然就是同语反复。但是，如果某物本身是有差异的，那么它之所以如此是出于它自己的规定性。这样一来，所意谓的也不再是差异本身，而是特定的区别。

§. 69.

等同仅仅是那些非是同物、彼此不是同一的东西所具有的一种同一性，而不等同则是不等同的东西的关系。所以两者不会互不相干地分离成一些相异的方面或着眼点，宁可说一方是向另一方进行的一种映现。因此，差异是反映的区别，或者说在它自身的区别。

§. 70.

β）自在的区别是本质性的区别，是肯定的东西和否定的东西，结果是，肯定的东西竟如此是同一性的自身关系，以致它不是否定的东西；而否定的东西竟如此自为地是有区别的东西，以致它不是肯定的东西。由于每一方都这样自为地存在，就像每一方不是对方那样，每一方就在对方内映现出来，而且只有这样才是对方。本质具有的区别因此是对立，按照这种对立，有区别的东西不是一般地具有某一他物，而是同它自己对立的它的他物。这就是说，每一方只是在它同对方的关系内才具有它自己的规定，只有当它是反映在对方之内的，才是反映在自身之内的。

自在的区别可以给出如下的命题：一切都是一种本质上有区别的东西，或者像它已经被表述出来那样：两个对立的宾词中只有一个归于某物，且不存在第三者。于是，这一对立律便与同一律相矛盾，因为某物按一个定律应当只是与自身的关系，但按另一定律却应当是与他物的关系。把这样两个矛盾的命题互相并列在一起，而不把它们稍微比较一下，正是抽象的真正无思想的表现。排中律是受限定的知性的定律，知性意欲使矛盾远离自己，而当它这样做时，就正好闹出了矛盾。这是因为，由于宾词是一种对立的东西，它便是那个第三者，其中包含着这一宾词本身，但同样也包含着它的对立面；**A** 应当不是 +**A** 就是 −**A**，以此事实上已表达出第三者，即 **A**；**A** 既非"+"又非"−"，而 **A** 恰恰同样也就设定为是 +**A** 且 −**A**。

§. 71.

这样，肯定的东西就是那种有区别的东西，这种有别的东西应当是自为的，同时对它和它的对方的关系并不应当是不相干的；否定的东西应当同样是独立的，因而是同它自己的否定的关系，是自为的，但是作为否定的东西，它也完全只有在对方中才会具有它这一同自身的关系，具有它的肯定的东西。这样，两者就是被设定起来的矛盾，两者自在地是同一的东西，但它们也自为地是如此，因为每一方都是扬弃对方和扬弃其自身的活动。由此它们就进展到了根据。或者说，作为自在而自为的区别，本质性的区别直接只是它自身的区别，所以包含着同一性的东西。作为使自己和它自己关联的区别，它同样已被表述为与它自己同一性的东西，而对立的东西一般地就是那一包含着一和它的对方、包含着它自己和它的对立物本身的东西。

c）根据.

§. 72.

根据是同一性和区别的统一性，是那种作为区别和同一性已经给自己产生的东西的真理，即在自身内的反映，这种反映同样也是向对方内的反映，反之亦然。根据是被设定为总体的本质。

根据律宣称道：一切都有其充足的根据，这就是说，不是作为自身同

一性的东西的某物的规定，也不是它作为有区别的东西、作为单纯肯定的东西或作为单纯否定的东西的规定，是其具有的真实的本质性，而是它在一种他物那里具有自己的存在，这一他物作为自身同一性的东西是本质。但是本质同样也不是在自身内的抽象反映，而是向他物内的反映。根据是在自身内存在着的本质，但本质之所以本质上是根据，和根据之所以是本质，只是就本质是某物的根据和某一他物的根据而言。|

§. 73.

本质首先是自身内的映现和中介活动，反映规定是中介的规定性，因而本质上是被中介的东西。由于这种中介在它自身扬弃自己，这就成了直接性或者存在的恢复，但是这里说的存在，是就它已通过中介的扬弃活动得到了中介而言，这就是实存。

根据现在还没有内容，还没有目的，因此它还不是能动的，还不是进行创造的，而是只有一种实存从根据内产生出来。特定的根据之所以是某种形式的东西，是因为实存及其根据的内容同其形式并非一体，而根据也非自在自为地被规定的，因此可以给任何东西都找出和举出一种根据来，而一种好的根据（例如良好的行动动机）可能促成某种东西，也可能相反，可能获得一种结果，也可能相反。例如，促成某种东西的推动根据成为推动根据，是由于它被接纳到一种意志中去，这种意志才使它成为能动的根据，成为一种原因的根据。因此，根据本身也并非总是自为地停留在内部，而同从它当中产生的实存对立，而是完全转化为实存；它是在自身内的反映，这种反映直接是向他物内的反映，而实存则是两者的这种直接的统一性，在这种统一内，根据的中介已扬弃了它自己。|

B.
现象 .

a）实存 .

§. 74.

实存的东西是在自身内反映和向他物内反映这两者的直接的统一性，因此，它并非仅仅是作为统一性或在自身内反映，而且区别为这两种规定。作为前一种规定，它是事物，在其抽象中固定起来，就是自在之物。

　　自在之物在康德哲学中已变得如此出名，在这里它则是在自己的产生中把自己展示出来，即表明自己是抽象的在自身内的反映；它被固定在这种己内反映，并与那些有区别的规定对立，而这种反映则是这些规定的空洞的基础。这样，根据就被设定为自在之物，适如根据作为不确定的东西和非能动的东西自为地在它的真理性内存在的那样，因为它只是没有内容和没有目的被扬弃的中介。

§. 75.

事物作为向他物内反映，在它自身具有一些区别，由于这些区别，它是一种有规定性的事物。这些规定是彼此有差异的；它们不是依它们本身，具有自身内反映，而是依事物。它们是事物的属性，而它们同事物的关系就在具有。

　　具有作为关系，现在代替了存在。某物诚然也具有一些质，但把具有这样转用到存在的东西上，这是不确切的，因为规定性作为质直接地就是与某物为一体的，如果某物丧失它的质，它就停止存在了。但事物却是在自身内反映，是作为与区别有别的同一性。具有这个词在许多语言中被用来表示过去，这是有道理的，因为过去是被扬弃了的存在，而精神是过去的自身内反映，惟在其中过去还具有持存，但是，精神同样也把这种在它之内被扬弃的存在与它自己区别开来。

§. 76.

向他物内反映从其真理性来看，即从根据上来看，同样是在自身内反映，所以事物的种种属性同样也是些独立的属性，并且是摆脱它们维系于事物的存在的。但因为它们作为被反映于自身内的只是事物的互相有别的规定，它们毋宁说是作为抽象规定性、作为质料的事物，而不是那种在具有的关系内通过向他物内反映而存在的事物。

质料，例如磁质料、电质料同样也不被称为事物，它们是真正的质，是与它们的存在一体的，是达到直接性的规定性，不过却是一种其是实存的直接性。

§. 77.

质料是抽象的或无规定性的向他物内反映，或者说同时作为特定的在自身内反映的在自身内的反映。因此质料是定在着的物性，是事物的基础，而与它对立的是特定的区别，这种区别在此种情形下是形式。|

§. 78.

形式和质料，自在之物和事物由以构成的那些质料，是同本质性的实存与非本质性的实存之间的对立同一的对立，其区别在于自为的形式是向他物内反映的抽象，而自在之物则是在自身内反映的抽象。但是质料对于形式却是本质性的实存，因为它具有在自身内反映，同时又在自身内具有规定性，事物由以构成的许多质料同样是事物的本质性的实存，因为它们是向他物内反映，但同时也是在自身内反映。

§. 79.

　　事物既具有自己作为整一质料的本质性的实存，又具有自己作为许多独立质料的本质性的实存；但由于整一质料是本质性的实存，这许多独立的质料就一起沉落为形式，但是因为它们同样是本质性的实存，又会把整一质料降为抽象空洞的物性，以这一方式，这种事物就是现象。

b）现象．

§. 80.

　　本质必定显现出来。它在自己本身内的映象是把它扬弃为实存的直接性，但这种直接性并不是存在的直接性，而是以反映为自己的根据。因此，这种直接性是这样一种东西，它是直接被扬弃了的，并在一种并非存在着的自身同一性内具有自己的根据，不过，这样的内在性直接也是在自身向他物内反映，因而是实存，只是同第一种实存相异的另一种实存而已。现象中的本质见于一点：某物作为实存着的东西，毋宁说不是在它自己本身内、而是在一种他物之内实存着，并且是一种被中介的东西。因此，本质并不是在现象背后或现象的彼岸，反之，由于本质正是实存着的，实存也就是现象。

§. 81.

　　所以依其真理性来说，实存着的东西是一种自为地持存着的东西，这种持存着的东西直接作为一种他物而实存着；实存的东西直接作为中介实存着。因此事情和实存的这些双重化的方式的区分和关系是同一的事情。进一步说，这些方式作为反映的区别彼此相对也具有这样的规定性：一种方式是在自身内反映，另一种是向他物内反映。

§. 82.

实存着的东西或在其规定性内的现象，因此便是关系，即同一的东西是独立的实存间的对立，也是它们的同一性的关联，只有在这种关联中，有区别的东西才是自己所是的东西。

c）关系.

§. 83.

1）直接的关系是整体和各个部分的关系；整体由各个部分，由它的这一对立面构成。各部分是独立的有区别的东西，但它们只有在自己彼此同一性的关联内才是部分，或者说只有当它们被聚合在一起构成整体时，才是部分。但这里说的"一起"，却是部分的对立面。|

§. 84.

2）如此一来，这种关系上同一的东西就直接是同它本身的否定的关联。更确切地说是这样：它是被设定为中介，即作为同一的东西与区别是不相干的，并是同它自己的否定的关联，这种关联作为在自身内的反映，自己排斥自身，并作为向他物内的反映把自己设定为实存着的；反之亦然。这便是力和力的表现。

　　整体和部分的关系是直接的关系，因而是没有思想的关系，是自身同一性向差异性的突转。在此，从整体被转化到部分，又从部分被转化到整体，而当每一方都被自为地作为一种独立的实存来对待时，从一方就会忘记同另一方的对立。或者说：因为部分应当是在整体之内，整体应当由部分所构成，于是时而就是这方成了持存的东西，时而则是另方如此，并且每次同一东西的他方都是一种非本质性的东西。机械的关系在其肤浅的形式内，一般而言就在于：各部分作为独立的部分，是离开它们的统一性的，是互相对立并也同整体对立的。同物质的可分性相关的无限前进，也能够利用这一关系，于是，它也就是同一东西的两个方面的没有思想的交互替换。一个事物这时被当作一个整体，随后又被转化为部分规定；这种规定现在又被遗忘了，过去是部分的物事，现在则被看作整体；随后再次又出现对部分的规定，如此等等，以至无限。但是，这一无限性如被当作真正否定性的东西，就是关系与它自己的否定的关联，是力，是作为己内存在，作为扬弃自己的和表现发挥的，是自身同一性的整体，反过来说，则是力的表现，它会消逝并返回到力。尽管力自己所是的这种无限性，力同样也还是有限的。力达到自己的表现，需要借助外来的诱发，它在自己发挥作用的过程中是盲目的，并且只有一种确定的、有限的内容。如同整体和部分的关系一样，力也具有一种内容，因为同一的东西会把自己设定在形式具有的有区别的规定性之内，而且是作为这些形式规定的统一性，同时对这种区别活动又是不相干的。但是这种同一的东西仅仅还是自在地是这种同一性，因为对关系双方来说，每一方还不是本身自为地就是关系的具体的同一性，还不是总体性。因此双方彼此对于对方都是有区别的，而整个关系也是一种有限的关系。因此，力需要外来的诱发，而内容的规定性是一种偶然的规定性，内容还没有概念与目的的无限性，而概念与目的才是自在自为地规定了的东西。由于这一缘故，人们也常说，力的本性本身是未知的，只有力的表现似乎可被认识。从一方面来说，力的整个内容规定和表现具有的内容规定就是同一的规定，根据力来解释一种现象，因而就是一种空洞的同语反复。因此，应该是未知的也无非是在自身内反映的空洞形式，唯有借助这种形式，力才能与表现区别开来，但这却是这样的一种形式：它是某种全然熟知的东西。但从另一方面来说，力的本性当然是一种未知物，因为它的关系依照它自己的、但还仅仅是抽象的否定性虽是无限的，但此外它的规定性却是有限的，所以，它的规定性要求一种联系的必然性和本原的必然性，而本原则是完全阙如的。因此这里现成存在着力所具有的独立性的映象与它的有限性的矛盾，它的有限性不能不具有种种限定条件，然而这些条件却在它之外，故而在它之内并未得以认识。

§. 85.

整体在它自身是同它自己的否定的关联，力作为这种整体因此是这样的：它自己排斥自己，并使自己外现。但是，既然这种向他物内的反映，各个部分的区别，同样是在自身内反映，那么表现也就是中介，由于这种中介，力会回到自身之内。因此力的表现在于，由此设定在自身内反映和向他物内反映这两者起初自在存在着的同一性，所以，它的真理正是那种其双方只是作为内在的东西和外在的东西互相区别开来的关系。

§. 86.

3）内在的东西是根据，正如根据在其真理性内、亦即作为现象和关系的一个方面那样；它是在自身内反映的空洞的形式，与这种形式对立，实存同样是作为关系的一个方面，带有向他物内反映的空洞的规定，是作为外在的东西。它们的同一性作为在力的运动中设定起来的在自身内反映和向他物内反映的统一性，是一种被充实了的同一性，是内容。

§. 87.

因此外在的东西首先就与内在的东西具有同一的内容；那是内在的东西，也是外在地存在的。反之亦然。现象不显示任何不在本质内存在的东西，而在本质内也不存在什么不明示自己的东西。

§. 88.

但是第二，作为自身同一性的抽象和单纯实在性的抽象，内在的东西和外在的东西也是直接对立的。不过，由于它们本质上是同一性的，所以，那种只是最初才在一种抽象内设定起来的东西，也直接地只是在另一种抽象之内，因此，那种只是一种内在的东西的，也只是一种外在的东西，而只是一种外在的东西的，也只是一种内在的东西。

把本质当作单纯内在的东西，这是反映式思考通常犯的谬误。如果单纯这样来看待本质，那么这种考察也就是一种完全外在的考察，那种本质便也是空洞的外在的抽象。一位诗人说道：

没有哪个创造性的精神

会深入自然的内在本质，

如果它只知道外壳，那也就是极幸运的。

他倒毋宁须该说，如果自然的本质对这一精神是被规定为内在的东西，那么它恰恰也就只能知道外壳。因为在一般的存在中，概念只还是内在的东西，所以它也就是一种对于存在是外在的东西，即单纯主观的、没有真理性的思维。在自然本身及在精神那里，只要概念、目的和规律只还是内在的能力、纯粹的可能，它们就只还是一种外在的无机的自然，是某一第三者的知识，是异己的强力等等。

§. 89.

一种同一性的内容以之而尚需存在于关系之内的那些空洞的抽象，会在直接的转化中扬弃自己，一种抽象会在另一种抽象中扬弃自己。它们是本质的被设定为映象的映象，或者说已变成完全非本质性的本质性。通过力的表现内在的东西被设定于实存。这种设定活动是通过各种空洞的抽象进行的中介活动，它在它自身内消逝于直接性，在这种直接性中内在的东西和外在的东西是自在而自为地同一的。这种同一性是现实性。

C.
现实性．

§. 90.

现实性是本质和实存之间或内在的东西和外在的东西之间直接生成的统一性。现实性东西的表现是现实性的东西本身，以致它在表现中仍同样地保持为本质性的，而且只有当它在直接外在的实存内，才是本质性的。

作为直接的东西的形式，存在和实存较先就已出现了。存在一般是未经反映的直接性和向他物的转化。实存是存在和反映的直接的统一性，因此它是现象，来自根据并又消逝于其中。现实的东西是那种统一性的被设定存在，是那种变得与自己有同一性的关系，因此它是被取自那种转化，它的外在性是它的动能，它在其中是在自身内被反映的；它的定在只是它本身的显示，而不是某一他物的显示。

§. 91.

因为现实性是一般反映，所以 1）它也是它的直接性同它的自身中介的区别，同可能性的区别；这是一种已内反映，这种反映是被设定为与现实性东西的具体统一性相对立，被设定为抽象的和非本质性的本质性。

可能性这一规定的确很适于使康德能把它、并连同它一起，把现实性和必然性看作模态，"因为这些规定并不能些微增加作为客体的概念，而只能表现与认识能力的关系。"事实上，可能性首先是在自身内反映的空洞的抽象，以致它仅仅从属于主观的思维。它与前面曾是内在的东西是同一的，只不过由于在现实性的东西内内在的东西是被扬弃的，于是它被规定为被扬弃的或仅仅被设定的外在性的内在物，这样一来，它当然就被设定为一种单纯的模态，设定为空洞的抽象了。但现实性和必然性真正看来却决不是一种与某一他物相应的单纯的方式，而毋宁说正好相反。然而由于可能性又与具体现实的东西相对立，是自身同一性的空洞的形式，于是一切也就都是可能的。因为通过抽象，这一形式可以被赋予一切内容。然而，一切同样地也会是不可能的，因为既然内容是一种具体的东西，那么在一切内容中就可以包含着作为特定的对立、从而作为矛盾的规定性。因此没有比谈论这类的可能性和不可能性更空洞的了。特别是在哲学中，一定要少谈指明某种事物似乎是可能的，或另一某种事物也还是可能的，就像一定要少谈人们在别处如此喜爱的或然性一样。|

§. 92.

2）但是，现实的东西在它同作为在自身内反映的可能性的区别中，其本身只是外在直接的东西。或者更准确地说，现实的东西由于它的直接性，其本身只是直接地存在于自身反映的抽象之内。这样，它作为现实的东西，就是被规定为一种仅仅可能性的东西；由于它和一种单纯的可能性或非本质的现实性等值，所以它就是一种偶然性的东西。

§. 93.

但这种被设定为映象的映象，单纯的可能性和偶然性，却在现实的东西那里具有自己的实在性的在自身内反映，所以，这里已经设定起内容，从这种内容中它们取得了自己本质性的规定根据。因此，偶然的东西和可能的东西具有的有限性，切近说来就在于形式规定、自身同一性同内容之间的区别，而某物是否是可能的和偶然的因而就取决于内容。

§. 94.

可是在现实的东西内已不再像在单纯的本质内那样，在自身内反映是抽象的规定，而是扬弃自己的设定活动或中介活动。因此，偶然性作为直接的现实性，是与自己有同一性的东西，本质上是被设定存在，这种被设定存在的设定同样也是被扬弃了的。偶然性是一种被假定的东西，这种东西的直接性同样是一种可能性，并同时具有规定，来得到扬弃，即是某一他物的可能性，是条件。

§. 95.

3）可能性作为充满内容的东西，其结果是条件会以此而从属于它，这样，它首先就是实在的可能性。但作为与内容及直接的现实性相区别的东西，它是自为的形式；而在现实东西的范围内，它不是自为形式的抽象的同一性，而是其具体的总体性，是内在的东西把自己直接迻译成外在的东西，外在的东西把自己直接迻译为内在的东西；它是作为在自身内反映了的根据，是活动，更确切地说，是把自己扬弃为现实性的实在根据的活动，以及偶然的现实性和条件的活动，是条件在自身内反映和这种反映［把自己］扬弃为另一种现实性。可能性和现实性的这种同一性是必然性。

§. 96.

因此，必然性是整一与自己同一、但也是有丰富内容的本质，这种本质在自己内映现着，以致它的各种区别具有独立现实东西的形式，而且，这一同一性的东西同时作为绝对形式，又是把直接性扬弃为中介的活动和把中介扬弃为直接性的活动。必然的东西通过一种他物而存在，这种他物已分解为进行中介的根据和一种直接的现实性，必然的东西通过一种偶然性的东西而存在，这种偶然性的东西同时又是条件。必然的东西作为通过一种他物而存在的东西，是并非自在自为的，而是一种单纯被设定的东西。但是，这种中介同样直接是它自身的扬弃；根据把自己设定为根据，并且作为偶然的条件把自己迻译为直接性，由此，那种被设定存在毋宁说就被扬弃为现实性了，而根据也是与它自身相合的。这种同一性使现实的东西成为必然的东西，因此现实的东西在其真理性上是必然性的关系。

§. 97.

a）必然的东西首先是实体性和偶性的关系。这一关系与自己的这一绝对的同一性是实体本身，但实体本身作为必然性，是这种内在性的否定性，因而它把自己设定为现实性，但是，它同样是这一外在性东西的否定性，按照这种否定性，现实的东西作为直接的东西，只是一种偶性的东西，这一偶性的东西由于它的这一单纯的可能性，会转化为另一种现实性；这是这样一种转化活动：这种活动作为形式活动是实体的同一性（参见 §. 96.）。

§.98.

这样，实体就是偶性的总体，在这些偶性中，它把自己启示为绝对的力量和一切内容的财富。但这种内容也无非就是这种显示活动本身，因为在自己内反映了的规定性对于形式并不是不相干的，而是在实体的力量内进行着转化，或者说，实体性本身毋宁就是绝对的形式活动和必然性的力量。

§.99.

b）实体作为绝对的力量，是使自己同它作为内在可能性的自身相关联的力量，按照这一环节，它是作用着的，而且是原因，因此实体性本质上是因果性。

§.100.

但因果性同样是因果关系，因为当实体与它转化为偶性的活动相对立，是在自身内反映着自己、从而也是本原性的事情，因为它同样也扬弃这种在自身内反映或它的单纯的可能性，把自己设定为它自身的否定物，并由此产生出一种结果，产生出一种现实性；这种现实性同时只是一种被设定的现实性，但因而也是一种必然的现实性。|

作为实体或本原性事情，与作为单纯的被设定存在，原因和结果是互相对立的。必然性的同一性构成了原因的本原性本身，原因在必然性内已转化为结果。在结果中没有什么内容不是在原因之内的。上述同一性是内容，但它也是形式规定，原因的本原性在结果中被扬弃，在结果中它使自己成为被设定存在。但这一被设定存在同样是直接地被扬弃了的，它毋宁说是原因在其自身内的反映，是原因的本原性。在结果内，原因才是现实性的。必然性的概念是哲学中最困难的一个概念，因为必然性的概念就是概念本身，但却还是处于它的外在性内的。实体性是尚还直接地被理解的必然性，然而，它至少本质上是关系；自为的实体和偶性都是空洞的抽象。但是在其实在性中无限的实体关系却是因果关系：它对于实体不是一种外在的抽象，使自己与自己关联，相反，实体就是这种关联本身，并因此而是原因；但实体本身因此就是无限的，而且是它的作用活动，不过却是无限性的作用活动，这种活动在结果中回到自己之内，并只有在结果内才是本原的和现实性的。只有在对立直接扬弃自己的环节内，原因才是一种有限的东西。当固执于这种对立，当原因的概念以之而被抛弃，就会产生有限的原因和关于因果关系的通常表象观念。因果关系的有限性也突然转化为形式与内容的对立，并可以这样来看：说原因是有限的，因为它按其内容是特定的一种现实性。由于这种有限性，原因就显现为一种被设定的东西或显现为一种结果。这一结果随之又具有另外一种原因，于是在这里也出现了从结果向原因的无限前进。这里同样也出现下降的无限前进，因为结果按其与原因的同一性，是在自身内反映，其本身是原因和现实性的东西，更确切地说，它同样有另一种结果，这一结果又具有另一些结果，以此递推，以至无限。

§. 101.

由于原因在它的作用中并非只是设定，而应当说这一中介同样也被扬弃为在自身内反映和被扬弃为直接性的，所以，原因同时是进行一种假定，因此，便是已有另一实体现成存在，由于这一实体，它的结果才发生。

§. 102.

被假定为前提的实体是被规定为直接的，从而不是被规定为使自己与自己关联的否定性，被规定为主动的，而是被动的。但是，作为实体，它同样是主动的，能够扬弃被假定的直接性，或者同样，扬弃这种向它之内设定的作用结果，并且进行反应，也就是说，它扬弃第一种实体的主动性；但是，第一种实体同样也是扬弃自己直接性的活动，或扬弃向它设定的作用的活动，从而也扬弃另一实体的主动性，并进行反应。因此 c）因果性就转化为交互作用。

在交互作用内，原因与结果无限前进是以真正的方式被扬弃了的，因为，从原因到结果、从结果到原因的直线超越活动已经弯向和回曲到自身。具有某一作用结果的原因，本身就是一种作用结果，不过它并不是某一在它背后和在它自己的结果彼岸的原因的作用结果，而是那种在前者自己的作用结果下出现的原因的作用结果。同样，作用结果本身又是原因，不过却是同它为其结果的那种原因相对而言。换种表达方式也一样，原因并不意味着离开它而具有一种结果，从另一角度上乃是结果，而应当说被产生的结果是原因的被设定存在，这种被设定存在同样直接是在自身内反映，是现实性，是被假定为前提的实体，即另一原因。不过，原因作为直接的原因应当是现实性的，甚至是本原性的；然而，恰恰正是这种直接性仅仅是一种被设定存在或作用结果。

§.103.

交互作用是因果性的真理，这就是说，因果性只作为交互作用而存在。既然原因只是作用着的，而被动性却不是作用着的直接性，那么被假定为最初原因的原因由于其直接性的缘故，就被规定为被动的原因，被规定为被设定的存在和结果。但是，在这种情形下，那些尚还作为两种而被指称的原因的区别就已消失了，自在地现成存在着的也只是一种在其结果内既作为实体而扬弃着自己的、又在其中才使自己独立化的原因。

§.104.

但是这种统一性也是自为的，因为这一整个的互相交替是原因自己的设定活动，并且只有它这种设定活动才是它的存在。结果，或它在交互作用中接受的被动性，毋宁说是它的本原性，是通过扬弃它的中介这一中介所产生的直接性。它的主动性是这种设定它自己本身为结果或为设定一种被设定的东西的活动，反过来说，把这一设定活动降为自己的结果，就是它的本原性和独立性的存在。

§. 105.

这种纯粹的与自己本身进行的交替因此就是被揭示的或被设定的必然性，这种必然的纽带尚且是内在同一性的同一性，因为它是一些现实性东西的同一性，然而这些现实性东西的独立性却恰恰应当是必然性。因此实体通过因果性和交互作用的行程仅仅是设定一点：独立性是否定的自身关联。说关联是"否定的"是指在它内区别和中介活动变成了彼此对立的独立现实性东西的一种本原性；之所以说是"自身关联"，是因为它们的独立性恰恰只是作为它们的同一性。

§. 106.

必然性的这种真理性因之是自由，而实体的真理性是概念，亦即一种独立性，这种独立性是自己把自己排斥为有区别的独立东西的活动，它作为这种排斥活动是和自己同一的，而且是这种保持在它自身的、同它自己进行的交互运动。

§. 107.

因此概念是存在和本质的真理，因为在自身内反映的映现活动本身同时也是独立的直接性，而有差异的现实性的这一存在也直接只是一种在它自身内的映现活动。

1）因为概念已经证明自己是存在和本质的真理，后两者在概念内已作为返回它们的根据的，所以概念反过来也已经如同从自己的根据中那样把自己从存在中发展出来。进程的前一方面可以被看作向存在的深入，存在的内在性东西已经在这一过程中被揭示出来，而后一方面则可以被看作较完善的东西从欠完善的东西中出现。在这里，有关较完善和欠完善东西的肤浅的思想所具有的较为确定的内蕴是：存在作为直接的自身统一性与概念作为自由的自身中介所具有的区别。既然存在已表明自己是概念的一个单纯的环节，概念恰恰也就由此证明自己是存在的真理性；概念作为它这种在自身内反映和扬弃中介的活动，是假定直接的东西的活动；这是与向自身内回归相同一的那样一种假定活动，而这样的同一性构成了自由与概念。因此，如果把这一环节称为不完善的东西，那么概念便是完善的东西，便诚然是把自己从不完善的东西中发展出来的完善的东西，因为概念本质上是这种扬弃自己的假定的活动。然而作为设定自身的给自己作出假定的也唯有是概念。僵死的概念当然是没有自由和自身内运动的，因此也没有人们可以称之为不完善东西的那些环节。由于人们把环节看作独立的东西，把假定看作是一种本原性的与无可更移的在先者（**Prius**），所以这样的规定与似乎维持于这样一种东西的概念一样，也不是概念，而是像完善东西和不完善东西之间的对立那样，是一种空洞的抽象，仿佛不完善的东西会自在而自为地是某种东西似的。2）如果进一步讨论存在和本质同概念的关系，就可以说概念是返回到作为单纯直接性的存在的本质，这种本质的映现由此就具有现实性，并且这种本质的现实性同时还是在它自身内的自由映现。概念作为自己的单纯自身关联，或作为它在自身内的统一性的直接性而具有存在；存在是一种贫乏的规定，以致这种规定极少能在概念中展示出来。3）从必然性向自由或从现实性的东西向概念的转化，是最困难的转化，因为独立的现实性应当被思考为唯有在与其不同的独立现实性的同一性内和转化活动内才具有它的实体性；这样，概念也就是最困难的事情，因为它本身正是这种同一性。但现实性的实体本身，那种在其自为存在内无意让任何东西侵入自身的原因，事实上是顺从于必然性或命运的，而这种顺从应当说是最困难的事情。但是，必然性的思维应当说就是这类困难的化解，因为这一思维乃是自己在他物内与自身共进，亦即是解放。这种解放不是抽象式的逃遁，而是在现实东西已经通过必然性的力量与之联系起来的另一现实东西内得到自己；不是作为其他存在和设定，而是作为它自己的存在和设定。斯宾诺莎实体的伟大直观自在地是从有限的自为存在获得解放，但概念本身却自为地是必然性的力量和实体性的自由。｜

第三部分.

概 念 论.

§. 108.

概念作为本质在自身内反映所具有的纯粹否定性或实体的力量，是自由的东西，而概念作为这种否定性的总体，是自在而自为地规定了的东西。

§. 109.

概念的进展活动是发展，因为有区别的东西是直接设定为同一性的东西，或者说，规定性是作为概念的一种自由的存在。

§. 110.

关于概念的学说，分为1）关于主观的或形式性的概念的学说；2）关于作为直接性的概念的概念或关于客观性的学说；3）关于理念、关于主客统一体、关于概念和客观性的统一性、关于绝对真理的学说。

普通的逻辑自身内只包括这里作为整体第三部分中一个部分的内容而出现的东西，此外，多少还包括上面出现过的所谓的思维规律，而在应用逻辑中还包括有关认识活动的一些东西。指明这种贫乏性的幅度则更是多余的事情，因为它本身只是作为一种偶然撷拾来的材料产生的，而根本不想通过任何方式辩明自己为何恰好不更大些或不更小些。与此不同，这里的阐述中所给予逻辑东西的幅度，则是通过逻辑东西的自己的发展推导出来和加以辩护的。关于此前的诸逻辑规定，即存在和本质的那些规定，现在可以指明：它们并非仅仅是思想规定；在它们的转化这种辩证环节中，以及在它们向自身回归与总体性中，它们证明自己是概念。但它们只是特定的概念，是自在的概念，或者同样说，是为我们的，因为每个规定所转化成的他物，或每个规定在其中映现的他物，不是被规定为特殊的东西，它们的第三者还不是被规定为个别的东西或主体；规定在其各个对立规定中的同一性，规定的自由并未被设定起来，因为它不是普遍性。2）概念的逻辑按照对它的通常的处理被理解为一种单纯形式的科学，这就是说，关键的事情似乎在于概念、判断和推理的形式本身，而全然不在于某种东西是否是真理性的；但是，某种东西是否是真理性的，应该说完全唯有依赖于内容。假使概念的逻辑形式竟真的是表象或思想的僵死的、无效的和不相干的容器，那么有关它们的知识就会是一种很为多余的、可以少掉的轶事集。但是，实际上，它们反过来作为概念的形式，却是现实性东西的活生生的精神，并且，在现实性东西中是真理性的也只是那种凭借这些形式，通过它们和在它们之内是真理性的东西。但是，迄今为止，这些形式本身的有效性和真理性却从未得到过考察和研究，它们的必然性的联系也很少得到考察和研究。

A.
主观概念．

a）概念本身．

§ 111.

概念本身包含着普遍性的环节，普遍性是作为在其规定性内的自由的自身等同性；概念本身包含着特殊性、规定性的环节，在这种规定性内，普遍的东西清皦无浊地保持与它自身等同；概念本身还包含着个别性这一环节，个别性是作为规定性在自身内的反映，这样的否定的自身统一性同时也是自在而自为地被规定的东西，并是与自己有同一性的或普遍性的东西。

个别性的东西是与现实性的东西同一的东西，只不过前者是从概念中产生出来的，因而是被设定为普遍性的东西，设定为否定的自身统一性。因为现实性的东西仅仅才自在地或直接地是本质与实存的统一性，所以它能够引起结果，但概念的个别性却完全是引起结果的东西，而且不再像原因那样带有引起某一他物为结果这种外观，而是引起它自己本身的东西。

§. 112.

概念是完全具体的东西，因为否定的自身统一性、个别性，构成了概念的自身关联，构成了普遍性。在这种情形下，概念的各个环节是不可能被分离开的。反映规定是应当能够与对立的规定自为地分离开来而加以把握的和有效的，但是，当它们的同一性在概念中设定起来时，概念的每个环节就只能直接从其他环节出发，并与其他环节一起来加以把握。|

我们听到说，概念是某种抽象的东西。没有什么说法比这种说法更普通了。就概念不是理念来说，那点完全是正确的。在这种情形下，主观的概念还是形式的；然而这完全不是说，除了它自己本身而外，它似乎还应该具有或获得其他随意的某种内容。作为绝对的形式本身，概念是一切规定性，不过却是如同它们在它们的真理性中那样。因此尽管概念是抽象的，它也还是具体的东西，更确切地说，它是全然具体的东西，是主体本身。就概念是作为概念，就它是与它的客观性区别开来实存着而言，它就是精神。其他一切具体的东西并不是那么具体，至少人们惯常所理解的具体的东西并不是那么具体，那是一种外在地被凑集在一起的多样性。人们通常称之为概念而且是确定的概念的，如人、房子、动物等等，决不是概念，而是一些简单的规定和抽象的表象；是这样一些抽象，这些抽象从概念中只取来普遍性这一环节，而去掉特殊性和个别性，正因如此恰恰就把概念给抽象掉了。

§. 113.

由于个别性是概念的否定的在自身内反映，因而它首先是概念的自由区别活动，是作为第一个否定，所以个别性环节就先把概念的各个环节设定为诸种区别；这样，概念的规定性就被设定起来，然而是作为特殊性被设定起来，也就是说，被区别开来的东西首先只是彼此对立地具有概念各个环节的规定性，进而它们的同一性同样也设定了起来，即一方就是另一方。概念的这种被设定的特殊性，就是判断。

把普遍的东西、特殊的东西和个别的东西固定为分离的概念，是进行抽象的事情，或者说，是固执于同一性这一反映规定的知性的事情。此外，假使从其他地方取来的某种的内容不应当构成规定性，因而可以陈述的就是作为种种概念、作为种种特定概念的概念种类，那就唯有上述的环节才是真正的种类。人们通常所说的清楚的、明晰的和恰当的概念这样的种类，并不属于概念，而属于心理学，因为清楚的概念和明晰的概念指的是单纯的表象，前者指一种抽象的、简单规定的表象，后者指的也正是这样一种表象，不过，在这种表象上还突出一种标志，即主观认识的符号。恰当的概念更多暗示着概念，甚至就暗示着理念，但依然不外乎表示一个概念甚或一种表象与其对象、即一种外在事物相一致的形式方面。从属的概念与并列的概念的区别是以普遍东西和特殊东西的无概念的区别为基础，以这两者在一种外在反映中的关系——关联为基础。但是，列举反对的概念和矛盾的概念，肯定的概念和否定的概念等等种类，进而说也不是别的什么，而无非是依照偶然收集思想的一些规定性，这些规定性仅仅自在地是概念，或者它们之所以为概念，也只是由于它们是被作为概念来处理的，但此外，它们则是同概念规定性本身全然无关的一种内容或规定性。只有当概念的真正的区别，即普遍的概念、特殊的概念及个别的概念，只有当它们被与一种外在的反映分别开来，它们才构成概念的种类。毋宁说，概念只是普遍性的东西，这种普遍性的东西规定着自己，并因此而是特殊性的东西，但它同样也直接扬弃它这一作为规定性的特殊性，在其中回到自己之内，并因此而是个别性的东西，而且在整一同一性内是普遍性的东西。于是概念本身的内在性区别和反映就在判断中设定起来。

b）判断.

§. 114.

判断是在其特殊性内的概念，是作为概念各个环节进行着区别的关系，这些环节同时被设定为自为存在着的和与自身相同一的，从而是作为个别性的东西与普遍性的东西彼此对立地出现的。

1）通常人们在判断上首先想的是极项的独立性，主词和宾词的独立性，认为前者自为地是一种物或一种规定，而宾词也同样是一种普遍的规定，是在那一主词之外，而似乎也存在于我的头脑之中，于是这一规定就被［与主词］聚集到一起，从而也就得到判断。然而因为 **Copula**［系词］"是"表达主词的宾词，所以那种外在的、主观的归属又被取消了，而判断便被当作是对象本身的一种规定。判断在我们德语中的语源学意义是比较深刻的，它把概念的统一性表现为第一位的东西，并把概念所作的区别表现为：本原的判分，这乃是判断真正含义之所在。2）抽象的判断首先表述为这一命题：个别的东西是普遍的东西，因为这正是主词和宾词彼此对立地具有的一些本质性的规定。这一命题是一种矛盾，而正是这一点，构成了判断进一步继续规定自己的必然性，直到达到它的主词和宾词的同一性。由此也直接显示出这样一些抽象的判断决不具有真理性。由于它们的内容，它们固然可以是正确的，也就是说，在一般感知范围和有限的思想范围内有一种真理性，但是却不能把自在而自为的真理性归于它们，因为主词和宾词，抽象个别的东西和普遍的东西（这里，何者会被当作概念，何者会被当作实在，是不相干的）并不一致，毋宁说，一方应当是另一方所不是的东西。因此判断是否会具有真理性，如"这朵玫瑰是红的"，并不依赖于内容。在这样的感性内容中是无法寻找真理性的，而这样一种判断的形式作为形式，也没有能力把握真理性。正因如此，哲学的真理才不容自己在一种个别性的判断中表述出来；精神，生命，整个概念，仅仅是自身内的运动，这种运动在判断内是径直被扼杀了的。所以即因判断形式的缘故，这样的内容就不具有真理性。3）**Copura**［系词］"是"还来源于概念在其外化中与自己是同一性的这种本性；个别的东西和普遍的东西作为概念的

环节，是这样的规定性：它们不能被孤立开来。前面的反映规定在种种关系内也还设定了彼此相互的关联，但它们的联系只是具有，不是存在，不是被设定为这样的同一性的同一性或普遍性。正因如此，判断就是概念真正的特殊性，因为这种特殊性是概念的规定性或区别活动，但这种活动保持是普遍性。|

§.115.

判断通常被从主观的意义上当作一种操作，以及单单在自我意识的思维中才会出现的形式。但是，由于在逻辑的东西内这种区别还全然不是现成存在的，所以判断完全是普遍的，并且一切事物都是一种判断，即一些个别的事物，它们在自己内具有一种普遍性，或者说内在本性；换言之，它们是一种普遍性的东西，这种普遍性东西已经是个别化了的；进一步说，普遍性与个别性在它们当中把自己区别开来，但同时又是同一的。

主观的判断是被与种种命题句子区别开的，在后者内，对主词表述着某种并非处于普遍性与主词关系中的东西，即一种状况，一种个别行动，诸如此类等等。说诸如此类的命题句子，如"我这夜睡得好"，或者如"举枪！"等可以被归入判断形式，这是完全无谓的事情。一个命题句子"有辆车驶过去了"之所以或许将是一个判断，只有当人们可能怀疑某种急速而过的东西是否是辆车时才会如此，或者说，只有当人们可能怀疑那是否是一个对象在自己运动，而倒不是我们由以观察它的位置反而在动时，才会如此。在这里，构成命题句子的主词的对象，以及应当归于对象的规定，在主体中是互相分离的，并且每一方在我的头脑中都首先被看作一种独立的东西，客体被看作一种外在的事物，而规定则被看作一种与之分开的、普遍性的表象，随后把它与前者相联结就成了一个判断。|

§. 116.

从这一观点出发，事物的有限性在于，虽然它们的定在和它们的普遍本性（它们的躯体和它们的灵魂）是结合为一的——否则它们就会是无，但是，它们也同样是可分的，而且彼此对立地具有本质的独立性。

§. 117.

在个别的东西是普遍的东西这一抽象的判断中，主词作为个别的东西直接是具体的，反之，宾词则是抽象的，是普遍的东西，甚而是抽象本身。但是既然主词和宾词是通过"是"联系在一起的，或者说概念规定性在自己那里具有整个概念，那么宾词在其普遍性中也必然包含着主词的规定性，这样，这种规定性便是特殊性。因为这种规定性进而是主词和宾词被设定起来的同一性，因而是与这种形式的区别不相干的东西，所以它便是内容。

§. 118.

由于个别性和普遍性彼此对立地构成了主词和宾词的一般的形式规定，所以判断的进一步的规定性首先属于内容，属于特殊性；由于进一步的规定性，判断与其他规定性相对立，而就是一种特殊性的东西。但是，既然特殊性作为形式规定同时对于个别性和普遍性有一种关系，所以，就连普遍性也会和个别性与特殊性一起进一步得到规定。

由于如同判断是一种直接的判断那样，它的内容属于宾词的特殊性，所以，从内容方面便由此产生判断的形式主义。主词在宾词中才会具有自己的规定性和内容，所以，它自为地是一种单纯的表象或一个空名字。在上帝是最实在的之类的判断中，或者绝对的东西是与自己同一的之类的判断中，上帝、绝对的东西是一种单纯的名字，它是什么，这是在宾词中才说出来的。它除作为具体的东西外还可能是什么，与这种判断毫不相干。但是，如果因为主词是具体的东西，宾词就应当仅仅表述一种个别的属性，那么这样一来它就会与自己的主词不相适应了。但是，按照概念规定，不仅判断的一个方面、即主词是具体的总体，而是另一方面、即宾词也如此，即作为特殊性和普遍性的统一性。在这种情况下，判断在它的主词和宾词内都是与它自己同一的。于是，直接的判断的形式主义（而在这一意义上，判断是按通常看法来对待的，因为肯定的判断或一般的判断形式，被当作是常住性的类属）在于，宾词的内容是一种直接的内容，而特殊性则是一种对于普遍性不相干的规定，例如，宾词上普遍的东西，说红色是颜色，但颜色同样也是蓝色、黄色等等。

§. 119.

1）直接的判断是定在的判断。主词被设定在一种作为它的宾词的普遍性之内，宾词是一种直接性的质，这种质因此是与主词的具体本性不相适应的，而作为直接的特殊性，它也与宾词的普遍性不相适应，一般说来，它与在其各个规定内的概念的统一性是不相适应的。

以为玫瑰花是红的或非红的这类质的判断能够包含真理，这是最严重的逻辑成见之一。|

§. 120.

这种非真理性的判断因而就分解为二重化的关系。由于无论是宾词的特殊性，还是它的普遍性都同具体的主词不相适应，特殊性和普遍性这两种规定在这种直接的判断内是有差异的，所以1）从它们那里必定抽象出个别的 **A** 是个别的 **A** 这种空洞的同一性关系，并且只把它设定起来，这就产生一种同一性判断。2）另一重关系是主词和宾词现成存在的完全不符合性，这就产生一种所谓的无限的判断。

有关后一种判断的例子是：精神并非大象，一头狮子并非桌子，等等。恰如一头狮子是一头狮子、精神是精神这些同一性命题句子一样，它们也是一些无谓却正确的命题句子。但是，虽然它们是直接的所谓质的判断的真理性，然而整体说来却不是什么判断，而且它们也只可能出现在一种主观的思维之中，这种思维也只能够抓住某种非真理的抽象。从客观方面来看，它们表述的是存在着的东西或感性事物的自然性，表明它们原是一种分解为空洞的同一性与充实的关系的活动，而这种关系是被关联东西各方的质的他在，是它们的完全的非符合性。一般来说，判断的不同形式是贯穿于概念的存在和本质的领域。

§. 121.

2）直接性的被扬弃的判断是反映的判断，这种判断用一种宾词展示主词，这种宾词是作为这样一种实存：这种实存并非展示一种直接的实存，而把自己展示为本质性的、总括一种关系的实存。|

§. 122.

主词起初还是直接性的，它是作为一种单称的东西，或者说，作为这个东西；它在这一关系内被提高于它的个别性之上。这一扩展在作为直接东西的主词那里是一外在性的扩展，是主观的反映，先还是无规定的特殊性，是作为局部性。但是通过它所在的主词的个别规定性规定后，它就变成全体性。

§. 123.

通过主词已同样被规定为普遍性的东西，主词和宾词的同一性以及继而判断规定本身，就被设定为不相干的。作为被设定的单纯概念的内容的统一性，使判断关系在其各个形式规定的差别性中成为一种必然性的关系。

§. 124.

3）必然性的判断在宾词中部分地包含着主词的实体或自然，包含着作为普遍的东西、因而作为类属的具体的东西（直言判断），但部分地也包含着双方独立现实性的形态及其作为一种内在同一性的同一性，并包含一方的现实性为非自己的、而是他方的现实性（假言判断）。这样一来，现在在概念的外化、在判

断上明白便出现了这种外化及其同一性，出现了实在的概念本身，即这样的普遍物：它在其排他的个别性中是与自己同一的。也可以说，出现一种判断，它以同一普遍的东西为自己的两个方面，此回是作为这一普遍的东西本身，另回则是作为这一普遍东西排斥自己的特殊化的总体，或者说作为已变得普遍的个别性，这就是选言判断。|

§. 125.

4）当概念通过必然性的判断已显现出来，概念的判断就以这种概念为自己的内容，以具有其规定性的普遍性的东西为内容，而由于它作为判断也是判断的对立面，所以，概念作为主词是个别性的东西，恰如主词直接是一种普遍性的东西和外在的定在，而概念作为宾词是特殊性的定在对普遍性的东西的反映，这就是这两种规定的一致和不一致，关于真、善、正确等等。

§. 126.

这种判断因此是真理性的判断（必然判断）。一切事物在具有某一特殊性状的一种个别现实性内都是一种类属和一种目的，它们的真实的存在就是这一整个的主体性，这种主体性在自己内包含着上述两者，但却还是将之作为一种有限的东西，在其中，特殊性的东西可能是符合于普遍性的东西的，但也可能并非如此。

§. 127.

以这种方式，主词和宾词本身每一方就都是整个判断，同时，主词的特殊性，它的直接的性状，是现实性东西的个别性与它的普遍性之间的中介的根据，即关于它的判断的根据。这样一来，空洞的 **Copula**［系词］“是”就得到了充实，并且主词和宾词的关联也被设定下来，这种关联不再是直接的，而是间接的关联。不过，中介的东西并不是根据本身，而应当说中介是在概念的规定之内，判断的形式区别现已返回概念的统一性，这种统一性就是推理。|

c) 推理.

§. 128.

推理是概念和判断的统一性。推理是作为概念各规定的单纯同一性的概念，就它同时已被设定于自己的实在性之中，即自己各规定的区别中，它又是判断。因此，推理是理性的东西，而且是整全理性的东西。

　　推理虽然常常被以习惯的方式陈述为理性东西的形式，但却是作为一种主观理性的形式，而且似乎并未在这种形式与别的某种理性的内容，例如一种理性的原则、一种理性的行动和观念等等，之间指出一种联系。事实上，连形式的推理活动在这种无理性方式中也成了理性的东西，以致它与一种理性的内蕴毫无关系。但是，因为这样一种内蕴只有通过那种思维由以是理性的规定性才能够是合理的，所以，它也仅仅通过其是推理的那种形式才能够是合理的。推理不是别的，而就是被设定起来的（起初形式性的）实在的概念。因此推理是一切真实东西的本质性的根据，而绝对东西的定义现就是：绝对的东西是推理，或者说，这一规定作为一个命题是被表述为：一切都是一种推理。一切都是概念，概念的定在是它的各环节的区别，这样，它的普遍自然本性通过特殊性就会给自己赋予外在实在性，并以此使自己成为个别性的东西。反之亦然：现实性的东西是一种个别性的东西，这种个别性东西通过特殊性，会把自己提高到普遍性。现实性的东西是一，但同样是各概念环节的离解，而推理就是概念各个环节中介的圆圈行程，通过这一行程，现实性的东西便把自己设定为一。

§. 129.

依照概念各规定的形式，直接的推理是这样的情形：概念的各规定作为抽象的规定彼此处于对立的关系之中，更确切地说，其两个极项是个别性和普遍性，而概念作为把两个极项联结在一起的中项，同样也只是抽象的、单纯的特殊性，是作为同时在规定性中被设定的普遍性的东西。这样，两个极项就被设定为彼此对立、互不相干并自为地持存着的，正如它们对于自己的中项来说是如此。因而这种推论是作为无概念的理性的东西，或者说它是形式的知性推理。因此，从客观方面看，它是外在定在的自然。在外在的定在那里，主体性是事物性，是可以与事物性的各种属性和特殊性相分离的，并且，无论就事物性的普遍性是事物的类属，还是就它是事物与其他种种事物的外在联系而言，它同样是可以与这种普遍性相分离的。

§. 130.

1）正如其在前一 §. 中所说的那样，第一种推理是定在的推理或质的推理：**E**［个别性］—**B**［特殊性］—**A**［普遍性］，即一个主词作为个别性的东西，通过一种质与一种普遍性联结在一起。

§. 131.

这种推理是完全偶然的，因为中项作为抽象的特殊性仅仅是主词的任意某种规定性，主词具有不少这类的规定性，所以也同样能够与其他某些普遍性联结在一起，正如不同的一些规定性在自己内也具有某一个别的特殊性，所以主词可以通过同一的 **medius terminus**［中项］被与不同的普遍性的东西关联起来。

因此如同人们称呼的那样，通过这样一些推理，极为相异的东西都可以得到证明。这里所需要的不过是确定 **medius terminus**［中项］，从这一中项出发，可以向所要求的规定转化过渡，但是，用另外一种 **Medius terminus**［中项］，又可以证明某种另外的东西。一个对象越是具体，它就具有越多的方面，这些方面从属于它，并能用来作 **mediis terminis**［中项］。这些方面中哪个方面比其他方面更为本质一些，又依赖于这样一种推理活动，这种活动固持着个别的规定性，所以同样能够相应于这种规定性不难找出一个方面或着眼点，根据它们，这种规定性便可以表明自己是重要的和必然的了。

§. 132.

由于它自身内具有的关联形式，这种推理同样是偶然性的。按照推理的概念，中项是有区别的东西的统一性，真理的东西是把有区别的东西通过这种中项关联起来。但是各极项与中项的关联（即所谓的前提，大前提和小前提）却毋宁说是一些直接性的关联。

推理的这种矛盾又通过一种无限的前进表现出来，它把自己表现为一种要求，要求各前提中每个前提都得通过一种推理来加以证明，但既然这种推理所具有的恰恰是这类直接性的前提，所以那一要求就又重提了出来，更好地说，这一使自己一再二重化的要求就无限地被重提出来。

§. 133.

这种矛盾在推理本身则是作为推理自己的辩证法。由于推理的 **termini**［各项］一方面在它们的规定性内作为直接的各项是被离解开来的，所以，它们把自己关联起来就并非单纯地像反映规定那样彼此关联，而是被设定为同一性的各项，因为它们乃是概念的环节；个别性的东西是特殊性的东西，而特殊性的东西是普遍性的东西。由于通过直接的推理 **E**［个别性］—**B**［特殊性］—**A**［普遍性］，个别性的东西已与普遍性的东西发生中介关系，所以，它在这一推理结论中就被设定为普遍性的东西。因此，个别性的东西作为在自己内含有普遍性的主词，其本身是两个极项的统一性和进行中介的东西。

§. 134.

推理的第二个格 **A**［普遍性］—**E**［个别性］—**B**［特殊性］表现出第一个格的真性状，即中介在此是在个别性内发生的，因而是某种偶然的东西。推理的第二个格把普遍性的东西（目前是主词，因为在前一格的结论中，它已获得个别性的规定性）和特殊性的东西联结起来，这样，普遍性的东西通过这里的结论便被设定为一种特殊的东西，即设定为两极项的中介物，两极项的位置现在为其他极项所占据，这就成了推理的第三个格：**B**［特殊性］—**A**［普遍性］—**E**

［个别性］。

推理的所谓的格（亚里士多德把它们合理地鉴别为只有三个；第四个格是近代人作的一种极其多余的、甚至乏味的附加）通常在有关它们的研究中仅仅被彼此并列起来，而很少去想到指明它们的必然性，更少想到要指明它们的意义和价值。正如我们已经指明的那样，它们的必然性的基础在于，每个环节都是概念规定，因而本身就是整体和进行中介的根据。但此外，至于为了作出一个正确的推理，这类推理的各项命题应是些什么样的规定，它们是否可以是周延的、或否定的等等之类，这乃是一种单纯机械的研究，相应于这种研究曾经给出固定的规则，而这种规则由于其无概念的机械性和内在的无意义性，也无非只能遭到轻蔑。对于说明这类研究和一般知性推理的重要性，人们很少能诉诸亚里士多德。诚然，亚里士多德曾描述过这些形式，恰如我们不由得要说的那样，他也曾描述过精神和自然的其他无数的形式，并探寻和论述了它们的规定性，可是，知性推论在他看来却并不是别的什么，而只是把个别性或特殊性的东西归属于一种普遍性东西。他把绝对性的思维与那种对可能是真或也可能是假的东西的思维明确地区别开来，而只有在后者那里才会有肯定或否定发生，一般的命题对于他乃是属于后一领域。不仅如此，亚里士多德无论在他的纯形而上学概念中，还是在有关自然东西和精神东西的概念中，都远远不是意欲使推理形式成为它们的基础和标准，以致我们甚至可以说，假如他真曾屈从于知性推理的话，就将很可能没有他一个概念出现或被留下来。对于这样一种形式，亚里士多德显得太思辨了。尽管他有许多描述性的和知性的方面，但在他思想中占统治方面的终究是概念，这里他何曾能靠知性推理行进呢？

§. 135.

既然每个环节都已经过了中项与两极项的位置，它们彼此相对立的特定的区别就已扬弃了自己，而推理在自己各环节的这种无区别性形式内，首先就取得了外在的知性同一性，即等同性，作为自己的关联，这就是量的或数学的推理。

§. 136.

2）但是就规定性方面来看，却已得出如下一点：规定性不是在其抽象中构成推论的本质的；它已是被超越了的，特殊性现在被发展开来，在个别性被规定为普遍性时，它构成了进行中介的东西，这就是反映的推理。在它之内，中项作为全体性的推理、归纳推理和类比推理，同样也经过概念的三个规定。

§. 137.

在反映推理中，映现着的概念是中项，但两个极项，概念一般的规定，本身却无非是概念的映象。然而，由于这一中项同样已经过概念的所有规定，或者反过来说，两极项同样也已采取了结合它们的中项的规定，所以映象上的映象也已把自己扬弃了，并把概念的实体的统一性或真正的普遍性也恢复了起来。

§. 138.

3）必然性的推理从特定的类属的意义上，（在直言推理）明白展示出特殊性的东西，而从直接存在的意义上（在假言推理）把个别性的东西明白展示为进行中介的各种规定，以致现在进行中介的普遍性的东西作为它的种种特殊化的总体和作为一种个别性的特殊物，是排他的个别性（在选言推理中）。|

§. 139.

知性推理在它这一行程中，已扬弃了被规定性和己外存在（概念在其中是直接的），因为第一，各规定中每个规定都有了其他两个规定的功能；于是第二，直接的关联同样变成了被中介了的；而第三，起初统一性的各规定作为极项曾在它之外，是它起初曾仅仅自在地具有的一些规定，它把它们在被反映关联中设定起来，随之在自己的发展中同时也已把自己设定为它们的实体的统一性。

§. 140.

由此便出现了下述情形：1）每一被中介的关联由于它所包含的两个直接性关联的缘故，就以另两个关联为前提，因而与之互为前提，于是每一设定就都是一种假定；2）概念在其诸个别性区别中，其本身是被设定为总体和整个推理；3）概念的区别作为统一性，与自己之为分离成诸极项的区别相对立，就一越而过。这样一来，概念就是完全实现了的，而且作为它的诸区别与自己的这种统一性，它就是客体。

概念对存在的关系，或者说主体对客体的关系，直到近期以来构成了哲学最富有意味的一点，或者毋宁说构成了哲学的最富有意味之点，因而也是哲学最困难之点，这一点还不曾得到说明。它在从上帝的概念来证明上帝的定在这一课题上曾获得自己最大的意义。这一点在其真正的含义上并非意味着别的，而只是意味着阐明概念从它自己本身向客观性的转化。在这一证明上，最引人注目的思想首先见诸安瑟尔谟，他简要地说道：**Certe id, quo majus cogitari nequit, non potest esse in intellectu solo. Si enim vel in solo intellectu est, potest cogitari esse *et in re*: quod majus est. Si ergo id, quo majus cogitari non potest, est in solo intellectu; id ipsum, quo majus cogitari non potest, est, quo majus cogitari potest. Sed certe hoc esse non potest.** [确实，那种于其上不能设想有更伟大东西的，不可能仅仅存在于理智之中。因为如果它只存在于理智之中，就可以设想事实上存在更伟大的东西。所以，假使这一于其上不能设想有更伟大东西的东西只存在于理智之中，那么，这种于其上不能设想有更伟大东西的东西，就会是于其上能够设想有更伟大东西的。但这确实是不可能的。] 这种论证还是一种外在的论证，但这一点如得到承认，它也还包含这样一点：只要思维从存在得到一个对立面，这一作为主观概念的单纯概念，这一只是被设想的最高本质，就仅是一种有限的东西而非一种真正的东西，而且这一主观性毋宁是须被抛弃的。但由于这一论证已被硬压在知性推理形式之内，它的完全透彻的思想就落到不正确的和空泛的地位。最实在的本质的概念在自己内要包含一切实在，因而其中也有实存的实在。由此表述出的只是肯定的方面，按照这个方面，存在是概念的环节，但却没有表述出否定的方面，按照这个方面，主观的概念的片面性是需要抛弃的。在迄今为止的哲学中，概念和客观性的同一性以其曾能有过的两种形式显现了出来：或是被理解为反映关系，即通过假定自为的概念和自为的客观性有绝对差异性和独立性而被理解为两者的一种单纯相对的关系，或是相反，理解为它们的绝对的同一性。后一种情形终归是所有哲学的基础，它或是作为内在的、未曾明说的思想（在柏拉图和亚里士多德那里，在他们之前的所有人和一般古代哲学那里），或是作为被假定为前提的定义、公理（例如在笛卡尔、斯宾诺莎那里），作为直接确信、信仰、理智的直观。上文已经提到，批判哲学和一切非哲学一道具有的突出特点在于：不断坚持有限的认识活动和主观的概念本身，以此为一种绝对物。安瑟尔谟在他的时代已经体验到这一矛盾：甚至非现实的和错误的东西竟也能加以思维。事实上，没有什么比上帝单纯主观地被思维的存在更为错误的了，因此它必须被放弃，而同样也必须被理解为客观的。但是，尽管主观性和客观性的同一性曾经是哲学的最初基础，1）这一基础、定义、直接确信、理智的直观还是被假定为一种直接性的东西，这是因为，它们既然本质上不是在其自身内包含着一种抽象单纯的东西，而是包含着作为有区别的同一性的同一性，因而包含着否定性和辩证法的，而且是在自身内，它们无论就自己的本性，还是就自己明白的形式来说，都是一种被中介的东西。2）因此要对它们进行证明，这一要求从它们自己本身来说是必不可少的，而这意味着要求从这些有区别的东西上能指明它们那种作为从自己产生出来的同一性，因为它们是这样一些有区别的东西。有关这一方面的需要，使批判哲学得以产生，但给它的结局是却没有力量实现所要求的东西。诚然，一种外在的辩证法可以展示那些由主观东西和客观东西的分离，以及因它们单纯的关系关联而产生的矛盾，但是，这样一种辩证法的结果首先还只是否定的，而由此向肯定的理念的转化又只是一种知性推理。可是，辩证法本来是概念的活动，而在先前的课题上是对象的，也是作为概念的概念本身。主观的东西在其真理性中同样也是客观的东西，对此唯一真实的证明方式是指明概念通过其自身规定为客观性。但这一运动是，概念自我规定为判断，然后规定为推理，规定为完全扬弃它自己在推理中以知性规定形式及其关联所具有的发展。在这一过程中，由于概念的各个环节本身作为整个概念来规定自己，这些环节的区别就自在地扬弃自己，而通过它们的否定的关联，即由于它们的被假定存在乃是一种设定活动与中介活动，它们同样也自为地扬弃自己。这样，概念就是通过它自己在实现，首先就已把自身迻译为客体。这样，客体自在自为地便是概念，并通过概念从它内再次出现，把自己继续规定为理念，规定为这一把自己区别为客体和概念的、客体和概念两者的绝对的统一性。

B.
客体．

§. 141.

适如存在决然成为定在，本质决然成为实存，概念也决然成为客观性，成为直接性，概念与它自身的中介通过判断和推理已和这种直接性、这种单纯的统一性结合，因此，这种统一性只是自在地作为概念的总体或自在而自为的存在，却并非自为地如此。|

绝对的东西是客体这一定义，在一些表象方式中一般已经被采纳，但是它在一些哲学中也可以找到。在这些哲学中，上帝具有一种对于概念是外在性的关系，然而，客体在这样的关系中随之也只有与主体对立的真正存在所具有的抽象的意义，而这种存在的内在理性也不是概念，因为内在理性据说是一种不可认识的东西。这一定义较确定地包含在莱布尼茨的单子中，单子应是一种客体，但却是自在地进行着表象的，更确切地说，它应是世界表象的总体。没有任何东西会从外面进入它之内，反之，它在自己内就是整个的概念，只是由于概念自己的较大或较小的发展而有区别。

§. 142.

因为客体自在地是概念的总体，故而它是一种未被规定的、然而却能接受一切规定的东西，可是它同样又是对一切保持不相干的。因此，作为有差异的东西的一种同一性，客体同样是一种在自己内具有差异的复多物，一种非独立的东西兼独立的东西，并且，这些无概念的规定对于客体以及对于它们彼此之间都是外在的。

a）机械性.

§. 143.

因为客体仅仅自在地是概念，它最初是在自己之外具有概念，并且一切规定性在它那里是一种被外在地设定的规定性，因此，作为有区别东西的一种统一性，客体是一种复合的东西，是一种聚合体，而对于他物的效应，则是一种从外引起的效应，这就是形式的机械性。|

§. 144.

正因为未规定性与规定性相对立，它就是规定性。因此就有一些客体，它们彼此处在反映关系之内具有特定的区别，而这种区别在它们那里是一种外在的区别。就它们把自己表现为对于这种外在的规定是不相干的而言，它们显现为独立的和作阻抗的，但就它们在这种独立性中同时经受外在的规定而言，它们是在经受强力。

§. 145.

通过这种强力，各个客体的非独立性、即作为它们的自然本性固有的否定性，就把自己显示出来。但这样一来，反映关系就扬弃了自己。按照反映关系，规定性作为否定的东西只是客体上一种外在的东西。

§. 146.

　　这种内在的否定性是客体内在性的独立性，这种独立性因而与客体的外在性是有同一性的。同一性作为概念自己排斥它自身，构成了如下推理：内在性的否定性作为一个客体的中心的个别性，通过一种中项使自己与作为另一极项的一些非独立的客体关联起来，而这种中项在自己内把客体的中心性和非独立性结合为一。这就是绝对的机械性。

§. 147.

　　这一推理是数个推理组成的一种三重体。形式的机械性依以为基础的那些非独立的客体所具有的单调的个别性，作为非独立性同样是外在的普遍性。因此，这些客体是绝对中心和相对中心之间的中项（推理形式：**A**［普遍性］—**E**［个别性］—**B**［特殊性］），因为通过这种非独立性两者才分离开来，才是极项，并且同样是彼此关联起来的。绝对的中心性是作为实体性的普遍的东西（即保持同一的重力），这一普遍的东西作为纯粹的否定性，在自己内同样含有个别性；绝对的中心性同样是相对的中心和诸非独立的客体之间作中介的东西，而且本质上既依凭内在性的个别性而作为进行分离的，又依凭普遍性而作为同一性的协合物与不受干扰的己内存在：这是推理形式 **B**［特殊性］—**A**［普遍性］—**E**［个别性］。

§. 148.

　　客体在绝对的机械性中的否定性或自我性，还是普遍性的或内在的。因此，客体的差异还是不相干的差异，质上只是抽象的自为存在或非自为存在的差异，独立性或非独立性的差异。但是它会把自己规定为概念，并且，概念的特殊化会赋予自己以客体上的客观的区别。

b）化学性.

§. 149.

有差别的客体是化学的东西。它具有一种内寓性的规定性，这种规定性构成它的自然本性，在其中它具有实存。但由于它的本质是概念，它是自己这一总体与自己实存的规定性的矛盾，因此它是扬弃这一矛盾的努力和使自己的定在与概念等同的努力。

§. 150.

因此，化学过程以它这两个紧张极端的中和的东西为产物，两个极端自在地就是这种中和物。概念，普遍性的东西，通过各客体的差别化，即通过特殊化而与个别性，与产物联结起来。但是，这一过程中也同样包含着其他各种推理。个别性作为活动，同样是作中介的东西，正如普遍性的东西、即紧张的两极项的本质那样。这一本质在产物中达到定在。

§. 151.

在产物中两个极端彼此对立地曾具有的那些特定的属性得到了扬弃。但是，因为两个极端仅仅自在地是概念，所以中和的产物当然是符合于概念的，但是，两极端差别的精神化原则却并非实存于这种产物之内，而是一种外在于它的原则。客体对于作为概念的概念的否定统一性还是不相干的，或者说，概念还不是自为地实存于客体，而中和的东西因此还是一种可分离的东西。

§. 152.

把中和东西离解为有差别的诸极端的判断活动原则，同样也给一般无差别的客体赋予自己针对另一客体而进行的差别化和精神化的活动，它和作为紧张化的分离活动的过程因此会脱出上述第一种过程之外，而只是构成它那里的一个特殊方面。

§. 153.

但这些过程的外在性可以使它们彼此对立地显现为独立的，这种外在性显示出它们在转化为产物时的有限性，在这种转化中，它们被扬弃了。概念在这些过程中的每一个过程都存在于那一被规定性之内，这些过程中的每一过程在它们的差异性内扬弃另一过程，通过这种差异性，通过这些过程消失于产物之内，概念就从那一被规定性中解放出来，自为地，即作为目的出现在客体面前。|

c）目的论．

§. 154.

目的是自为地实存着的概念，这种概念只构成机械性和化学性的自在。因为目的是自在自为地被规定的东西，是具体的普遍性东西，这种普遍物作为绝对形式在它自身中具有规定，但在已经穿过形式规定在其中获得某一外在实在性的那些尚为先行的阶段后摆脱了这些阶段，并作为普遍性东西是已经生成了的，所以，目的在自己内作为内容就具有规定性。作为形式规定它是主观的东西，但却是作为它自身那里具有的这一形式规定性的否定性，即那种把它自己迻译为客观性的冲动。

目的这个概念已经正当地被称为理性概念，并一般地与作为抽象普遍性东西的知性对立起来，而特别地是与因果性关系对立起来。抽象普遍性东西对特殊性东西的关联被理解为一种归属活动，这是就认为前者本身在它那里不具有特殊性而言的，但由此它就是一种抽象的东西。人们喜欢把绝对的东西规定为纯粹存在，规定为第一因或根据，然后，依靠这些关系规定进展到其他知识，但由此绝对的东西并未被规定为理性，因为它的本质并未被理解为目的。整个来说，谈论理性概念乃实属多余之举，因为概念无非就是理性，而人们称之为知性概念的全然并不是什么概念，而只是普遍性东西的抽象的规定，或者每种被拘束在这种简单抽象形式之内的内容。但是，理性概念这一表述终究能表示更贴切的意义，表示概念必须现实地作为概念存在，并被理解为这样的概念。相应地，各个知性概念就意味着诸如存在、质等概念，力、因果性、同一性等概念，这些概念依其内容还没有被设定为概念。另一方面在其内容上是概念的，如概念本身，还有目的和理性，由于形式而也可能是无概念的，适如推理在通常逻辑的考察中那样。这种考察本身是一种无概念的东西，是不合理性的东西，或单单是知性的东西。如果从外面来寻找一种内容，并以同样方式从另外某处寻找实现这一内容的活动，那么对目的的考察也会出现这种情形。那样，目的就将纯粹按照它的有限性，或从知性来加以考察，而不是按照它的概念。我们业已指出，目的 1）具有一种出自它自己本身作为绝对在先东西的、特定的内容。这一点构成了概念作为目的在其中存在的实在性的一个方面，即作为概念在自己内反映了的同一性的方面，因而是对形式规定不相干的东西这样一个方面。这样一来，目的便是自为地存在着的普遍性东西，与特殊性及个别性相区别；在整个目的论的推理中，它是一个极项，同进行中介的实现，同作为被实现的、设定在个别性的目的相对待。但是，这一普遍性东西同时是同一性，这一同一性贯通经过推理的所有的 **Terminos**［项］，保持在它们之内，并且是它们的实体。目的 2）是选言推理。普遍性的东西直接是它由之被分选开来的个别性。一方面，同一的东西在这里作为内容被规定为与形式是对立的，作为特殊的内容与另一特殊的、即与作为一种单纯有别的内容是对立的，但是同时，它作为特殊主观的东西被规定为是与客观的东西是对立的；但在另一方面，分别选言的个别性作为否定的统一性，同样是对上述双方进行中介的东西和对那种对立的扬弃，是活动，是把主观的东西迻译为客观性。概念贯穿通过形式的推理的不同形式（§. 130. — 138.），由此给自己以最初直接的实现，但它本身却还没有被设定为运动着的或辩证的东西，它只自在地是如此。但是，当它通过扬弃客体把客观性设定于它自身之内，并给自己以否定的自身关联之后，它就是作为自为地存在着的概念，即作为主观的东西，这种主观的东西本身是实现活动的应当，而作为内在性的活动，是辩证法。

§. 155.

目的论的关联最初是外在的合目的性，因为概念还直接是与客体对立的，它还没有从自己那里把客体产生出来。目的因此是有限的，因之这一方面是按照它的内容，另一方面也按照它在一种可以现成找到的客体那里具有一种前提性的、外在的条件，而这种客体是作为它的实现活动的材料。在这种情形下，目的的自我规定只是形式上的，封含在主观目的之内，而被实现了的目的也只是一种外在的形式。

这种有限的目的属于一种外在的、有限的理性，因此真正属于一种外在的知性。在其诸直接规定内的概念，以及知性判断和推理，作为这样的东西也只在一种主观知性中具有一种实存。通常关于某一目的的表象，仅仅属于这样一种知性和目的。通过内在合目的性这一概念，康德曾唤起一般理念，尤其是生命的理念。只当他认识到意志上形式的东西、即普遍性形式中的自我规定是绝对的，他才使实践理性摆脱外在的合目的性，但内容却没有得到规定，而合目的的行动是为材料所制约的，因而也只是产生出形式的善，或者同样，也只是实现手段。事实上亚里士多德的生命概念包含着内在的合目的性，因而比近代目的论概念站得不知高几多了。

§. 156.

目的论的关联是一种推理，在这种推理中，主观的目的通过一种中项和客观性联结起来，这种中项是两者的统一性，是作为合目的的活动和作为直接被设定为从属于目的的客观性，是手段。

§. 157.

1）主观目的是种推理，在这种推理中普遍性的概念通过特殊性，把自己与个别性联结起来，以致个别性作为自我规定，会把普遍性概念特殊化，并使之成为一种特定的内容，并且，当它把由于概念的与客观性相对立而被假定的特殊性作为有欠缺的东西加以扬弃（见 §. 154. 内的疏解部分），从而自己同时转向外面时，它也就是向自身内回归。

§. 158.

2）这一转向外面的活动，使自己直接地与客体相关联，并把客体作为一种手段来支配，它是作为在主观目的内同特殊性同一的个别性，在这种特殊性内，有外在的客观性被封含在其中。概念是这种支配机械性和化学性的直接的力量，因为它是它们的真理性，同时又是与自身同一的否定性。于是，整个中项就作为活动的概念的这种内在的力量，客体作为手段而直接与这种活动结合为一。

§. 159.

3）合目的的活动同其手段一起还是指向外面的，因为目的也不是与客体同一的，而正应当通过客体加以中介。在这第二个前提中，手段作为客体与推理的另一极项，与作为前提的客观性、与材料，是处于直接的关联之中；这样一种关联即是那一现在服务于目的的机械性和化学性领域。在这些过程中，客观的东西彼此扬弃自己，主观的目的在此是这些过程的力量，其本身是在它们之外，同时也是在它们之中保存自己的，这正是理性的狡计。

§. 160.

被实现的目的是在客观过程中保存自己的普遍性东西，这一普遍性东西正是以之而给自己赋予客观性的。但是，由于客观性在有限目的中先是作为一种被假定为前提的东西，是一种只可现成找到的材料，所以，被实现的目的和先前的中项一样，也是一种在自身内支离不全的东西。因此，事情只产生了一种在材料上外在地被设定的形式，产生了一种手段，正如所达到的目的因其内容而同样是一种偶然的规定，因而也同样又是作为其他种种目的的一种材料。

§. 161.

但是在概念中目的已实现自己，并已扬弃自己的有限性，这种有限性在于目的的被事先假定的主观性和同目的对立的客体的独立性。在目的的实现活动中所发生的，只是这一点：目的自己的主观性和客观的独立性的单纯映象被扬弃。在掌握手段中，概念把自己设定为客体自在存在着的本质。在机械过程和化学过程中，客体的独立性已自在地消遁。在这些过程服从于目的统治的行程中，那种独立性的映象，这些过程上与概念对立的否定性东西也扬弃了自己。不过，这种否定性东西是特殊性，是概念作为自我规定使自己产生的指向外面的活动。通过这一过程，概念由此回到它自己本身之内，作为否定的自己关联，或作为自为存在的东西，这一自为存在的东西同样作为自在客观的东西已经变成自为的了。这一被实现的目的，就是理念。

C.
理念 .

§. 162.

理念是自在自为的真理性东西，是概念和客观性的绝对的统一性。它的观念性的内容不是别的，而是在其各规定中的概念，它的实在性的内容只是概念自己在外在定在形式中赋予自己的表现。

绝对的东西是理念，对绝对东西的这一定义本身现在就是绝对性的。此前的一切定义都会返回这一定义。当一切现实性的东西是种真理性的东西，一切现实性东西就是理念，而且惟独通过理念和凭借理念才具有自己的真理性。个别性的存在是理念的某一方面，所以，对于这种存在，还需要其他一些现实，它们近乎同样显现为是特别自为地持存着的，然而同在它们中一起，并在它们的关联中，实现了的却只是概念。自为个别性的东西与自己的概念是不相应的，它的定在的这一局限性构成了它的有限性和它的衰亡。进一步说，理念是不能单纯理解为随一某物的一种理念的，适如概念不能单纯理解为特定的概念。当理念进入定在，它就把自己的各环节相互分抛开来。但是，由于它仍然是它们的本质和根据，它就存在于它们之内，而作为在它们之内的，它就是特定的理念。但是，绝对的东西却是这一普遍的理念，是整一理念，是理念本身。理念本身同样正是各特定的理念的体系，作为各特定理念的真理性，这些理念又返回到理念本身之内。止于表象活动领域和仅仅有那种与表象交织在一起的思想的意识，习惯于以实存着的事物为开端，当它上升到关于事物种种理念的思想时，也还是这样来理解理念和被表象的东西的关系：好像实存着的东西是实在的，但它的理念则只是一种主观的抽象，这种抽象从实存着的东西那里取得自己的内容。此外，理念本身现在被当作这样的理念：它没有什么确定的内容，也不以一种实存为自己的出发点和支撑点，被当作一种单纯形式性的逻辑的东西。现在在我们这里却不再能谈论这样一些关系。实存的事物以及它的其他一切进一步的规定，已经表明自己是非真理性的，并已返回到作为它们最终根据的理念。这样，理念就被表明是自在自为真理的和实在的东西，而它进而具有的一切内容，只能通过它自己本身来给予它。以为理念似乎只是抽象的东西这种观念，也同样是错误的。就一切非真理的东西自己都会耗没于理念而言，理念当然是抽象的东西，但是理念在它自己本身却本质上是具体的，因为它是自由的、规定自己并以此把自身规定为实在的概念。概念是理念的原则，只有当概念要被当作抽象的统一性，而非如其所是的那样，被当作自己否定的向己内回归和个别性时，理念才似乎是形式性的-抽象的东西。

§. 163.

理念也可以被理解为理性，理解为主体-客体，理解为观念性东西和实在性东西的统一性，理解为有限东西和无限东西、灵魂与肉体的统一性，理解为在其本身具有其现实性的可能性，理解为其自然本性只能作为实存着的来把握的那种东西，等等，因为整体来说，理念自身内包含着知性的一切关系，不过却是在自己的无限回归和自身同一性中包含着。

知性有一项轻松的工作：把关于理念所说的一切指为是自身内矛盾着的。但是，这一点也可以同样被归之于知性，或者宁可说这一点已经在理念中实行了。这是一种理性的工作，一种并非像知性的工作那么轻松的工作。因此，如果说知性指出理念与其自身相矛盾，因为例如说主观的东西只是主观的，客观的东西毋宁是与主观的东西相对立，存在是某种与概念全然不同的东西，从而不可能从概念中剥选出来，而有限的东西也同样只是有限的，正是无限东西的对立面，故而与无限的东西不是同一性的，以此不断贯彻于一切规定，那就应当说逻辑指出的是相反的东西，即指出那种只可以是主观的主观东西，只可以是有限的有限东西，只可以是无限的无限东西，诸如此类等等，根本就不具有真理性，它们与自己相矛盾，并转化为自己的反面，这样一来，这种转化，那种各极端在其内是作为被扬弃了的、作为一种映现活动或一些环节的统一性，就把自己显示为它们的真理性。在理念上指指点点的知性是双重的误解，第一，理念的各极端不管想怎样予以表述，乃是就它们在自己的统一性之内而言的，而知性却还是在一种意义上看待它们，仿佛它们不是在它们的具体统一性内的，而似乎是在这种统一性之外的一些抽象。例如，知性事实上对判断中 **Copula** ［系词］的本性熟视无睹。系词在个别性的东西、在主词上表达的是这样一点：个别性的东西同样不是个别性东西，而是普遍性东西。其次，知性把自己的反映观点，即认为自身同一的理念包含着它自身的否定物，包含着矛盾的看法，当作一种外在的反映，它不属于理念本身。但事实上，这并不是知性特有的一种智慧，反之，因为理念就是这种否定性，它本身就是那种辩证法，这种辩证法永恒地在把自身同一的东西与有差别的东西分别开来，把主观的东西与客观的东西，把有限的东西与无限的东西，把灵魂与肉体分别开来，而只有这样，也才是永恒的创造、永恒的生命力和永恒的精神。由此，当理念本身是向抽象知性的转化时，它同样永恒地是理性，是作为一种辩证法，这种辩证法使这种知性的被区别物重又理解到自己的自然本性，和理解到自己创造上的独立性是虚妄的映象，并将之引回统一性。由于这一双重的运动并不是在时间上的或以任何一种方式分离和区别开来的，不然它就又会只是抽象的知性，所以它是在他物中对它自身的永恒的直观活动，是在其客观性中已经实现其自身的概念，是那种其是内在的合目的性和本质性的主体性的客体。把理念理解为观念东西和实在东西的统一性，理解为有限东西和无限东西的统一性，同一性和差别性等等的统一性，其有关不同的方式都或多或少地是形式性的，因为它们是表示有规定的概念的某一个阶段。只有概念本身才是自由的，才是真正普遍性的东西。因此在理念中概念的规定性也只是它自身，这是一种客体性，在这种客体性中，概念作为普遍性的东西继续它自身，在这种客体性中，概念只具有自己特有的规定性，总体的规定性。理念是无限的判断，这种判断同样完全是有同一性的，恰如判断的每一方都是独立的总体，而且正是由于每一方会这样完成自己，是向另一方转化的。没有一个原本特定的概念像概念本身和客观性那样，是这种在理念的两方面中完成的总体。

§. 164.

因为理念的同一性只是概念绝对的和自由的同一性，就理念是绝对的否定性、因而是辩证的而言，理念本质上是过程。它是概念作为那种是个别性的普遍性把自身规定为客观性的行程，而这一以概念为其实体的外在性通过自己的内寓的辩证法会把自己引回主体性之内。|

a）生命.

§. 165.

直接的理念是生命。概念作为灵魂是在肉体中实现的，在具有肉体的外在性时，概念是直接与自己关联的普遍性，也是肉体的特殊性，以致肉体除在自己那里表现概念的各规定外，并不表现其他区别。最后，一方面个别性是客观性的辩证法，这种客观性被从自己独立持存的映象引回主体性，以致一切器官恰如它们作为概念规定是暂时目的那样，彼此互相又是手段；另一方面，生命由于概念的个别性而是有生命的东西。

§. 166.

［1）］有生命的东西具有个体性，因为它的个别性是概念的主体性。由于这种主体性是不可分离的一，而客观的种种区别具有一种不相干的外在性，所以有生命的东西本质上是自己在它自己本身内的过程，它的各个部分只是作为在转化着的。

　　因此，整体和部分的关系对于有生命的东西是极不合适的，换句话说，如果按这一关系去观察有生命的东西，有生命的东西就会被当作死的东西，因为各个部分这时会是这样一些区别：它们将会自为地具有一种独立的持存。精神同样是一种有生命的东西，但如果设想精神中有一些自为地起作用的能力和力量，它应当具有它们，精神也会被看作死的东西，那样一来，它就是具有许多属性的事物，就是彼此不相干地持存着的种种规定的一种集合体。同样，以为有生命的东西可以由灵魂和肉体组成，也是不妥当的。有生命东西的有限性在于，灵魂和肉体是可以分离的，这构成了它的可朽性。但是，只有当它是死的，理念的那两个方面才是分离的构成片断。

§. 167.

　2）这一过程是统含在概念之内或统含到有生命东西的直接性内的。但是，在实在概念的判断中，客观的东西同样是一种独立的总体，而有生命东西同自己的否定性关联构成一个与它对立的无机自然的前提。由于这一否定的东西同样是有生命东西本身的概念环节，所以它在有生命的东西内、在这一同时也是普遍性的东西内，是作为一种欠缺存在。客体由此作为自在地无足道的东西而由以扬弃自己的辩证法，是确信其自身的有生命东西的活动，这种有生命物在这个同一种无机自然对立的过程中以此保存它自己，发展和客观化它自身。

§.168.

3）有生命的个体在它第一个过程中是作为主体和概念，由于它通过它的第二个过程已经同化了它的外在的客观性，所以它现在自在地就是类属，是实体性的普遍性，而这一概念的判断就是主体与另一主体的关系，是性差别。

§.169.

类属过程使类属达到自为存在。因为生命尚还是直接的理念，所以过程的产物便分解为两个方面，从一方面说，最初曾被假定为直接东西的有生命个体，现在作为一种有中介的和被产生的东西出现；但从另一方面看，有生命的个别性由于其最初的直接性，而使自己与普遍性发生否定的关联，在这一普遍性中衰亡，而理念由此就作为自由的类属自为地进入实存：个别生命性的死亡是精神的出现。

b）认识活动.

§.170.

就理念以普遍性为它的实存要素而言，或者就客观性本身是作为概念而言，理念是自由自为地实存着的。在理念中被扬弃的个别性是理念内部纯粹的区别活动，以及自身在这种同一性的普遍性内保持的直观。但是，作为总体的这种个别性，理念在此是判断，即作为总体自己排斥自己，并把自己假定为外在的宇宙。

§.171.

这两个理念自在地是同一的，或作为生命是同一的，两者的关联起初是相对的关联，或者说是反映关系，因为区别活动是最初的判断，假定也还不是作为一种设定，因此，对于主观的理念来说，客观的理念是现成遇到的直接世界，或者说理念作为生命是在个别性实存的现象之内。

§.172.

A）主观的理念作为在普遍性规定内的理念，自为地是它本身和它的他物，因此它作为这样的统一性具有实现自己的冲动。但是，因为在它之内存在的那种他物只是客观世界的抽象，而这一存在于它之内的缺欠对于它正是这一作为存在着的世界，所以，这一最初的冲动之所向，正是在它自己内扬弃它这一缺欠，并通过接受存在着的世界于它自己之内，把对于客观东西与它有同一性这种确信提高为真理性。这一冲动的实现是认识活动本身。

§.173.

这一认识活动是有限的，因为它以现成遇到的世界为前提，因而它与这一世界的同一性也不是为它本身而存在。它所能达到的真理因此也同样是有限的真理，而不是概念的无限的真理，后者作为自在存在的目标对于它来说是一种彼岸。因此，这种认识活动是知性，是没有理性的，是把给定的客体接受到概念的对客体保持是外在的形式。

§.174.

1）有限的认识活动由于首先已经把有区别的东西假定为一种现成遇到的、与它对立的存在物，即外在自然或意识的事实，那么它也仅仅自为地具有形式的同一性或抽象。因此，它的活动在于消解给定的具体的东西，将其种种区别个别化，并给它们以抽象普遍性的形式，或者是让具体的东西作为根据，通过对显现为非本质性的特殊性进行抽象，提取突出一种具体的普遍物，类属或力与规律。这就是分析的方法。

§.175.

2）这种普遍性整个来看同时是一种被规定的普遍性，它的真理性在概念。由于概念在有限的认识活动中不是在自己的无限性内，所以它是单纯知性的、特定的概念。接受对象于这种形式，是综合的方法。

§. 176.

α）认识活动的对象被归于特定的概念形式，从而对象的类属和对象的普遍的规定性得以设定起来，这就是定义。

§. 177.

β）作为特殊化而陈述第二个概念环节，陈述某一普遍性东西的规定性，是分类。

§. 178.

γ）在具体的个别性中，对象是有区别的各规定的一种综合的关联，一个定理的情形即如此。那些规定的同一性是一种被中介的同一性。提示构成中间环节的质料，就是构造，而那种关联的必然性由以呈现给认识活动的中介本身，就是证明。

按照通常对综合方法与分析方法之间那些区别的陈述，整体来说，人们想用何种办法似乎是随其所好的事情。按照综合的方法，具体的东西是结果，如果具体的东西被作为前提，那么从其中就可以分析出一些抽象的规定作为结论，而它们曾构成证明的前提和材料。关于曲线的种种代数学定义在几何学程序中是些定理。于是，连毕达哥拉斯定理也似乎可以被假定为直角三角形的定义，通过分析似乎将可得出几何学中那些从它着眼而先前已加以证明的定理。选择方法上的这种随意性是基于此一方法与彼一方法同样都从一种外在地被假定的东西出发。按照概念的自然本性，分析活动是先初的，因为事情需要首先把给定的具体材料提到普遍抽象的形式，尔后这些抽象才能作为定义被置于前位。这些方法对于哲学认识活动是不适用的，这乃是自明的，因为它们具有一种始初的前提，而认识活动由此便把自己降为知性，降为凭借形式同一性行进。继先前在哲学和科学中以这些方法的形式主义从事的那种滥用后，新近时期又出现了以所谓构造从事的滥用。通过康德，有一种观念曾流行起来，认为数学构造它的概念，

而这不外乎意味着数学根本不具有什么概念，而是表现各感性直观中的种
种抽象的规定，以此通过绕开概念来陈述感性的、从感知中获致的规定，
就被称为概念的构造了。还有一种形式主义被称为这样，它按照一种被假
定的范式，同时也按照任意和随想，对哲学对象和科学对象作表格式的分
类。这里，作为基础的是对理念、对概念与客观性的统一性有一种模糊的
观念。但是，这种所谓的构造的游戏却远远没有表现出那种统一性，那种
统一性只是概念本身。此外，因为几何学本来是与空间感性的、却又抽象
的直观有关，所以它可以不受阻碍地把空间中单纯的知性规定固定下来，
并且正因如此，才具有在其完善形态中的有限认识的综合方法。然而，它
最终也碰到不可通约性和种种无理性，在此，如果它想在规定上继续行进，
它就会被推出知性的原则。（如同其他场合常见的那样，在这里也出现术语
上的颠倒：被称为有理的，是知性的东西，而被称为无理的，倒应当说是
合理性的一种开始和迹象。）其他科学当遇到它们的知性进展的界限时，便
用一种轻松的方式帮助自己，它们打断知性进展的连贯性，并从外面，从
表象、意见、感知或者其他什么地方拿起它们用得着的东西，而每每拿起
的都是此前进行的东西的反面。有限认识活动的盲目性既不容许它认识到
它在自己通过定义和分类等等进展时是不断受概念规定的必然性引导的，
也不容许它认识到另外一点：当它处在自己的界限，尤其是在它已然超出
自己的界限时，它自己是置身于一个领域，在那里，诸种知性规定性不再
有效，而它却依然以生硬的方式在那里使用它们。

§. 179.

有限认识活动在证明上展现出的必然性，是一种外在的必然性，只是与主
观的明见相应，恰如定义中的规定性是某一标志，也正如分类根据是随一外在
的着眼点一样。这是因为，这种认识一般是坚持形式的概念，而与实质的概念
相对立。但是，**必然性本身却自在地是概念**，是形式而外在的中介的真理，是
概念与其自身的中介，是独立的主体性。因此，那种是认识活动的理念，就从
外在地存在着的规定性转化为内在的、内寓于主体的规定性，即转化为意志活
动的理念。

§. 180.

B）主观的理念作为自在自为地被规定的东西是善，它实现自己的冲动与真实东西的理念成反比关系，其目标所向不再是接受客体，按照客体来规定自己，而毋宁是按照自己的目的来规定现成遇到的世界。

§. 181.

这一意志活动一方面具有确信，认为被假定为前提的客体是无足道的，因为直接存在的有效地位在必然性中已扬弃自己。但是另一方面，由于通过认识活动扬弃存在是其最初的和形式的否定活动，并且善的目的仍还是主观的理念，所以，意志活动是把客体的独立性假定为前提。

§. 182.

这种意志的有限性因此是矛盾：在客观世界种种矛盾着的规定内，善的目的既是被实现的，又是未被实现的，它既是被设定为一种非本质的目的，又是被设定为一种本质的目的，既是被设定为一种现实的目的，又是被设定为仅仅可能的目的。目的由于是善，所以，它并非是自在地和按照内容而成为有限的，反之，它之所以为有限的，只是由于它与客观性对立。目的的主观性通过活动本身扬弃自己，由此认识活动的前提，即作为一种直接存在物的客观东西，当它与善的终极目的的对立消失时，也同样会恢复自己，这样，上述矛盾便消失了。

§. 183.

因此，善作为一种目的，其真理性是理论理念和实践理念的统一性，即善自在而自为地实现，客观世界自在而自为地是概念。这一从认识活动的差别和有限性回到自身，并通过概念的活动变得与它同一的生命，是思辨的或绝对的理念。

c) 绝对理念 .

§. 184.

　　理念作为主观理念和客观理念的统一性是概念, 对于这种概念, 概念本身是对象, 或者说, 对于这种概念, 客体是概念; 这一客体是那种一切规定都已结合于其中的客体。这种统一性因此是绝对的统一性和全部真理, 是思维着自身的理念。

§. 185.

　　绝对理念自为地是纯粹的形式, 这种形式直观自己的内容为它自身, 因为在它之内不存在转化, 也不存在假定, 一般也没有什么似乎不流动和不透明的规定性。从绝对理念是它自身与自己的观念性区别来说, 并且从被区别者的一方是自身同一性、但在这种同一性中又作为规定包含着形式的总体来说, 绝对理念对自己就是内容。这一内容是逻辑的东西。作为形式, 给绝对理念所保留的就无非是这一内容的方法了。|

§. 186.

　　思辨方法的各环节是: a) 开端, 它是存在或直接的东西; 它是自为地出自单纯的根据, 因为它是开端。但是, 从思辨的理念来看, 思辨理念的自我规定正在于这种自我规定作为概念的绝对的否定性或运动发生判断, 并把自己建立为它自身的否定物。这样, 那种对开端本身显现为肯定的存在, 就毋宁是否定。不过, 因为存在是概念的否定, 概念在自己的他在中是作为完全自身同一的, 并是它自身的确信, 所以, 存在是尚还未被设定为概念的概念, 或者说, 它还是自在的概念。这种存在作为尚未得到规定的概念, 因而同样是普遍性的东西。

　　开端单纯在直接存在的抽象意义上, 是一种从直观和感知采取的开端, 即有限认识的分析方法的开端; 在普遍性的抽象意义上, 它则是那种认识的综合方法的开端。但是，由于逻辑的东西直接既是普遍性的东西，又是存在着的东西，既是以理念为其前提的，又直接是理念本身，所以，它的开端既是综合的开端，又是分析的开端。

§. 187.

b）进展，这是理念的判断。直接的普遍性东西在其本身并不是单纯的东西，而是在自己内有区别的东西，或者说，正是它的直接性和普遍性构成了它的规定性。这样，开端的否定的东西，或者说，它的规定性中始初的东西，就被设定起来。这是与一相应的，是有区别东西的关联，是被设定存在，即反映的环节，这种反映是辩证的，但不是作为外在的反映，而是作为内寓性的反映。这种进展是分析的，因为通过内在性的反映被设定的只是在直接的概念中所包含的东西；既然这种区别在这一概念内还不是设定起来的，所以这种进展就同样也是综合的。

§. 188.

这一进展在存在中是一种他物和向一种他物的转化，在本质中是对立东西之内的映现，在概念中是个别性东西与普遍性的差异，普遍性作为普遍性把自己连续到与它有区别的东西，并作为与这种东西的同一性。在理念中，这一中项已是第二个否定，否定的否定，是总体性的有生命的灵魂。

§. 189.

c）终点，这就是有差别的东西被设定为其在理念中所是的东西。有差别的东西在它本身是始初东西的否定物，而且作为与始初东西的同一性，它是它自身的否定性，这样，也就是那种统一性，在这种统一性中，两种始初的东西是作为观念性的始初东西和环节，或者说，作为被扬弃的始初东西和环节。在理念中，这种终点只还是一种映象的消逝，即好像开端竟是一种直接的东西，而终点竟是一种结果。这是这样的认识：理念是整一总体。

§. 190.

以这种方式，方法就不是外在的形式，而是内容本身的灵魂和概念，它之所以有别于内容本身，只是就诸概念规定甚至在它们本身也是作为概念的总体来说的，不过，概念却表明自己不适合于这样的要素和内容，因而扬弃这类的要素。｜

§. 191.

由于内容现在通过概念使自己返回理念，所以，理念便把自己表现为系统性的总体，这一总体只是整一理念，其各特殊性的环节，一方面自在地是这一理念，另一方面通过概念的辩证法又展现出理念的单纯的自为存在。在此，形式或方法与内容间的区别使其自身消逝了。

§. 192.

思辨的理念这样就自为地是理念，因而就是无限的现实性，这种现实性在这种绝对自由中并非单单转化为生命，也非作为有限的认识活动使生命映现于自己之内，而是在它自身的绝对真理性中，自己决定把它的特殊性环节或最初规定与他在的环节，把直接的理念，作为它的再现释放出来，把它自己作为自然自由地从它自己内释放出来。｜

B.
自 然 哲 学.

B.
自 然 哲 学.

§. 193.

自然已作为他在形式中的理念产生自己。既然在自然内理念是作为它自身的否定的东西而存在的，或者说，它对自己是外在的，那么自然就并非仅仅相对地对于这一理念是外在的，而是外在性构成自然在其中作为自然而存在的那种规定。

§. 194.

在这种外在性中，各概念规定彼此对立地具有一种不相干的持存和个别化的外观，正因为如此，概念是作为内在的东西。所以，自然在其定在中没有表现出什么自由，而是表现出必然性和偶然性。

因此从自然具有的、它恰恰由以而成其为自然的特定的实存来说，它是不应加以神化的，也不应把太阳、月亮、动物和植物等等看作上帝的作品而优先地放在人类的事功和事件之上。自然是自在地、在理念中是神性的，但在理念中它自己由以而成为自然的那种特定的方式却是被扬弃了的。如它所是的那样，则它的存在就不符合于它的概念，因此它的实存着的现实性并不具有什么真理性，它的抽象的本质是否定的东西，就像古人把一般物质理解为 **non-ens**［非存在］那样。但是，因为自然尽管是处在这类要素之内，它却是理念的表现，所以我们当然也愿意在自然内赞美上帝的智慧。但凡尼尼却说，一根干草就足以使认识到上帝的存在。如果是这样，那就可以说，精神的每种表象，它的最恶劣的想象，它的最偶然的兴致的表现，每一词语，对于认识上帝的存在，都是一种比任何个别性自然对象要高超的根据。在自然内，各种形式的表现并非仅仅具有其无所羁绊的偶然性，而是每种自为的形态都缺少其自身的概念。自然在其定在中被推使达到的最高的东西是生命，但是生命作为单纯自然的理念，却是受外在性的无理性的摆布，个体的生命力在其实存的每一环节都为一种异于它的个别性所牵制，然而在每一精神的表现中却包含着自由普遍的自我关联的环节。自然有理由曾被一般地规定为理念背离其自身，因为理念在外在性的要素内具有它自身与自己不相符合的这一规定。如果因为人的艺术作品的材料似乎须从外面取来，因为这种作品似乎不是有生命的，就把它们置于自然事物之下，那同样也是一种误解，好像精神的形式不包含一种更高的生命力，不比自然的形式更与精神相称，好像在全部伦理的东西中那种人们可以称之为物质的东西并不同样完全仅仅属于精神似的。尽管自然的种种实存有其全部偶然性，它还是忠实于永恒规律，但是，自我意识的王国事实上终究也是这样。这是在一种信仰内就已得到承认的：有种天意在引导人间事件。换句话说，难道这个领域内这一天意的种种规定竟会同样仅仅是偶然的和没有理性的吗？然而如果说精神的偶然性，即任性，会一直发展成恶，那就应当说，这同星球合乎规律的动作相比，或同植物的纯洁无邪相比，还是一种无限更高的东西。

§. 195.

自然必须看作是由各个阶段组成的一种体系，其中一个阶段必然从另一阶段产生，并且是它由以得出的那个阶段的最切近的真理，但并非这一阶段似乎会从另一阶段自然地被产生出来的，而是在内在的、构成自然根据的理念中产生出来的。

把一种自然形式和领域向一种更高的自然形式和领域的转化和完善化看作一种外在的、现实性的创造，是古代和近代自然哲学的一种笨拙的观念，可是为了更加弄清楚这种创造，人们还曾把这种创造推回过去的晦暗状态。使各种区别互相分离，并让它们作为不相干的实存出现，这种外在性正是自然所特有的。向前引导各阶段的辩证的概念是内在的东西，这种东西只在精神中明白出现。先前如此喜爱的目的论的考察诚然已把与一般概念的关联、同时也把与精神的关联作为基础，但却只是固执于外在的合目的性（§.155.），并且，从有限目的的意义上和囿于自然目的来考察精神；相应于这类有限的目的，它指陈自然事物是功利性的，由于这类目的的无谓性，它扼杀了自己指证上帝智慧的信誉。对自然事物的功利性的考察自身包含一种真理，即自然事物并非自在而自为地是绝对的目的，但这种否定性对自然事物却不是外在的，而是它们的理念的内在性环节，这一环节促成它们的消逝和向另一种实存转化，但同时也向一种更高的概念转化。

§. 196.

自然自在地是一个有生命的整体。自然的理念贯穿于自然阶段行程的运动，更切近地说，是在于把自己设定为自己自在地所是的东西；或者换句话说，在于从自己的直接性和外在性——这种外在性是死亡——回到自身之内，以便作为有生命的东西而存在，但理念在自己这一规定性内只是生命，进一步就在于同样扬弃这一规定性，并成为精神；精神是它的真理性。

§. 197.

作为自然的理念，1）是作为普遍性的、观念性的己外存在，作为空间和时间；2）是作为实在性的相互外在，作为特殊性的或物质性的定在，即无机自然；3）是作为有生命的现实性；有机自然。因此可称是有三门科学，数学、物理学和生理学。

第一部分.

数　学.

§. 198.

1）自然的最初的或直接的规定是它的已外存在的抽象普遍性，即这种已外存在的无中介的不相干性，是空间。空间是完全观念性的相互并列，因为它是已外存在，并且是完全连续的，因为这种相互外在还完全是抽象的，在自己内不具有什么确定的区别。

　　关于空间的本性，向来就已有各种各样说法。我只想提到康德的规定，他认为空间和时间一样是感性直观的一种形式。就是在其他地方，主张空间必须仅仅看作是表象中某种主观的东西，把这点作为基础，也已是司空见惯的。如果抛开康德概念中属于主观唯心论及其种种规定（参见§. 5. 疏解部分）的东西，那剩下的就是正确的规定：空间是一种单纯的形式，亦即一种抽象，而且是直接外在性的抽象。谈论空间点，好像它们会构成空间的肯定的要素，这是不能认可的，因为空间由于其无区别性之故只是否定性东西的可能性，不是否定性东西的被设定存在，因而完全是连续的，所以点毋宁说是空间的否定。这样一来，关于空间的无限性的问题也判然明确了。空间一般地说就是纯粹的量（§. 51. 及以下），但不再仅仅是作为逻辑规定的纯量，而是作为直接地和外在地存在着的。因此自然不是从质开始，而是从量开始，因为它的规定不像逻辑的存在那样是绝对始初的和直接的东西，而本质上是一种得到中介的东西，一种外在存在和他在。

§. 199.

空间一般地作为概念（更加确定地说作为不相干的相互外在存在）在自身具有概念的各种区别，a）直接在自己的不相干性中作为单纯有差异的、完全无规定的区别，具有三个维度。

空间恰好具有三个维度，其必然性是不能要求几何学给演绎出来的，几何学不是一门哲学科学，并且可以现成假定它的对象，即空间。但就是在其他地方也没有想到要指明这种必然性。这种必然性基于概念的自然本性，但因为概念的各个规定是在相互外在这一始初的要素内，在抽象的量中表现自己，它们就完全只是表面的，是一种全然空洞的区别。因此，我们也完全不能说长、宽、高如何互相区别自己，因为它们仅仅应当是有别的，但还并非实是什么区别。高度作为朝着地球中心的方向具有自己较切近的规定，但这一中心却同自为的空间本性毫不相干。抽象掉空间的本性，人们想把高度或深度称为什么，把长度或宽度称为什么，都同样是不相干的，人们在其他场合常常也把长度或宽度叫作深度。

§. 200.

b）但是区别本质上是特定的、质的区别。作为这样的区别，α）它首先是空间本身的否定，因为空间是直接的、无区别的己外存在；这就是点。β）但这种否定是作为空间的否定，点同空间的这种关联是线，点的最初的他在。γ）然而他在的真理却是否定的否定。因之，线就转化为面，面一方面是一种与线和点对立的规定性，因而是一般的面，但另一方面它又是被扬弃的空间的否定，从而是空间总体的恢复，不过空间的总体现在在自身具有否定的环节。这就是包面，它分离出一种个别性的、整体的空间。

线并非由点构成，面并非由线构成，这是出自它们的概念，因为线作为己外存在着的，作为自己同空间关联的和扬弃自己的，便是点，同样，面是被扬弃的己外存在着的线。点在这里是被表象为最初的和肯定的东西，它被作为出发点。然而反过来说也可以，因为空间是肯定的东西，面是第一个否定，而线是第二个否定，但这一否定依其真理性作为自己与自己关联的否定就是点；转化的必然性仍是同一的必然性。几何学考察的其他空间图像，是对某一空间抽象，是对面或某一有限定的整体空间所作的进一步质的限定。其中表现出一些为数不多的必然性的环节，例如，三角形是最初的直线图形，其他一切图形如果要加以规定的话，都必须还原为这一图形或四边形，如此等等。这些构图法的原则是知性的同一性，这种同一性把图像规定为合乎规则性，从而确立和赋予种种关系，于是认识这些关系就是科学的目的了。顺便可以指出，康德曾有一个奇特的想法，断言直线是两点间最短的距离这个直线定义是一个综合命题，理由是我关于直的东西的概念不包含任何量，而只是包含着一种质。在这个意义上，每个定义都是一个综合命题；直线这一被定义的东西才只是直观或表象，而直线是两点间最短的距离这一规定才构成概念（正如概念原本在这类定义中显现出的那样。见 §. 176.）。概念并非就已然是现成存在于直观，这点恰恰构成了它们两者的区别，也构成了对一个定义的要求。某种东西对单纯的表象显得是一种质，但它的特殊之点却是基于一种量的规定，这是很简单的事情，例如，在直角，在直的东西等等场合，情形也一样。

§. 201.

2）但是那种使自己作为点与空间相关联，并在空间中作为线与面发展自己各种规定的否定性，在己外存在领域内既是自为的，也是对于平静的彼此并列显得是不相干的。这一否定性这样被设定为自为的，就是时间。

§. 202.

时间作为己外存在的否定的统一性，同样也是一种完全抽象的、观念性的存在，这种存在当其存在时，便不存在，当其不存在时，便存在。

时间同空间一样，是感性或直观的一种纯粹的形式，但是如和空间一样，客观性与一种和客观性对立的主观意识间的那种区别，也和时间毫不相干。如果把这些规定运用于空间和时间，那么前者就是抽象的客观性，

而后者就是抽象的主观性。时间同纯粹自我意识的我＝我是同一的原则，但这一原则或单纯的概念还是在自己整个的外在性之内，是被直观的单纯的变易，是作为一种全然走到己外的纯粹的己内存在。如同空间一样，时间也是连续的，因为时间是抽象的自己和自己关联的否定性，并且在这种抽象中还没有什么实在性的区别。人们说，一切都在时间中产生和消逝，因为时间正是产生和消逝的抽象本身。如果从一切，即从时间的充实以及空间的充实加以抽象，那么剩下的就是空洞的时间与空洞的空间，也就是说，那样一来被设定的就是外在性的这些抽象。但时间本身就是这种变易，是这种存在着的抽象活动，是生育一切而又毁灭自己产儿的克洛诺斯。然而实在性的东西却既是和时间是同一的，又是和时间有异的。一切都是可消逝的，是有时间性的东西，亦即只在时间内存在的东西，也就是说，并非如同概念那样在其自身即是纯粹否定性的东西，而是作为自己的普遍性本质虽然在自己内具有这种否定性，但却与这种本质并不是绝对符合的东西，因而它同这种否定性的关系就是同支配自己的力量的关系。时间本身是永恒的，因为时间不是某一时，也不是此时，反之，时间之为时间就是它的概念。但是概念在它的自身同一性中，在我＝我中，却自在而自为地是绝对的否定性和自由，因此时间不是支配概念的力量，更非概念是在时间之内、是一种有时间性的东西，毋宁说概念是支配时间的力量，因为时间只是这种作为外在性的否定性。自然的东西因此是从属于时间的，因为它是有限性的；与此相反，真理的东西，理念，精神则是永恒的。因此永恒性的概念必不可这样来理解，说永恒性是被扬弃的时间，无论如何也不能从这种意义上来理解，仿佛永恒性是在时间之后到来的，这样永恒性就会被弄成将来，弄成时间的一个环节；也不能从这种意义上理解，认为时间在纯粹进行否定，而永恒性似乎是脱离时间的单纯的抽象，而应当说时间在其概念内如同一般的概念本身那样，就是永恒的东西，并且因此也是绝对的现在。|

§. 203.

时间的各个维度，现在、将来和过去，只是变易，只是变易之消解为作为向无转化的存在与作为向存在转化的无所具有的区别。这些区别之直接消失于个别性，就是作为此时的现在，此时本身只是这种存在消失于无的活动和无消失于存在的活动。

1）有限的现在区别于永恒的现在是因为，前者是作为此时，因而它的各个抽象的环节作为过去和将来把自己与它之为具体的统一性区别开来，但是永恒性作为概念却在它本身内包含着这些环节，而它的具体的统一性因此也不是此时，因为它是平静的同一性，是作为普遍性存在的具体存在，不是消失于无的东西，是作为变易。此外，在自然内时间是此时，在这里也不会达到那些维度的持存的区别，这些维度必然只存在于主观表象，存在于回忆、恐惧或希望之中。但是时间的抽象的过去和将来就是空间，正如被扬弃的空间首先是点，是时间。

2）与关于空间的有限科学即几何学直接对置，并不存在关于时间的这种科学，因为时间的区别不具有那种构成空间规定性的己外存在的不相干性，因而也不像空间那样能够作各种图形。但是时间的原则却通过下述情形获得了这种可能：它被知性弄得失效，时间的否定性也被知性降低为"一"。在这里如同在其他场合一样，直观包含着比单纯自为的知性更高的相对真理，因为知性只是抽象的，但直观却是具体的。于是这种僵死的"一"，思想最高的外在性，便是能够作外在的组合的，而这些组合，这些算术的图形，按照知性规定又［是］等同和不等同，是能够同一化和作区别的。由此那种以"一"为原则的科学便构成同几何学对置的科学。3）数学这个名称先前本来也曾被用于对空间和时间的哲学考察，因为它至少同这种考察最相近，虽然数学只是考察这些对象上的量的规定，并且正如已提到的，也并非从这些对象考察时间本身，而只是在"一"的种种图形和联结中来考察"一"。在运动学说中时间诚然也是这门科学的一个对象，但是应用数学整个来说却不是什么内在性的科学，这正是因为它是纯粹数学运用于某一给定的材料及其从经验中接受来的种种规定。

4）但是有人竟还能够进而去设想一种哲学数学，即认为这种哲学数学应能从概念来认识通常数学知性科学从其假定的规定无概念地按照知性方法推导出来的东西。然而，数学既然已是有限的量的规定的科学，这些规定应当在它们的有限性内牢固保持和发挥效力，而不应该转化过渡，那么数学本质上就是一门知性科学，并且，既然数学有能力以一种完善的方式成为这样，那它在其他这种性质的科学面前所拥有的优点，毋宁倒须给它保存下来，既无须通过掺杂对它异质的概念，也无须通过掺杂经验的目的来污损它的这种优点。这里的问题依然在于，与此前自己已表明的相比，概念应能建立一种更透彻的意识，无论对于那些主导性的知性原则，还是对于算术运算中的和几何定理中的次序及其必然性来说，都应能如此。假使人们想对空间或"一"的图形作哲学处理，那它们就将由于已陈述的理由而失去它们所特有的意义，关于它们的一种哲学将成为某种逻辑的东西，或者各视人们给那些概念以一种较具体的意义，也将成为某种属于其他一种具体哲学科学的东西。但是，意欲用空间图形和数字这类别扭的和不合适的媒介来表述思想，并强使它们服务于这一目的，将会是一种很多余的和没有感报的辛劳，对于这些图形和数字，确定的概念依然是一种从外面钉补上的东西。简单初始的图形和数字可以随心地用来作为象征符号，然而这些符号对于思想却是一种低级的和残缺的表达。纯粹思维的最初尝试曾采取过这种应急办法，毕达哥拉斯的数的体系就是这方面著名的例子。但是在更丰富的概念那里，这些手段就变得完全不充分的了，因为它们的外在的组合和联结的偶然性整体来说是与概念的自然本性不相符合的，并使如下一点完全成为两义的：在较复杂的数字与图形上可能有的许多关联中哪些应当加以把握。无论如何在这类外在的媒介中，概念中流动的东西会飞逝不见，在这样的媒介中，每一规定都会陷入不相干的相互外在状态。那种两义性可能仅仅通过说明加以消除。于是思想的根本表达就是那种说明，而那种象征符号化就是一种没有内容的多余之举。其他的数学规定，诸如无限、无限的种种关系、无限小、因子、幂等等，在哲学本身中具有它们的真正的概念；在数学中它们是无概念地、甚而常常无意义地被接受的，想把它们从那里拿来并借用于哲学，则是笨拙的，宁可说倒应当寄望于哲学来校正它们和解释它们。作为量的学说数学的真正哲学科学，似乎应是关于度的科学，但这种科学事实上以事物实在的特殊性为前提，这种特殊性是在具体的自然内才现成存在的。

§. 204.

3）空间和时间自在而自为地构成理念，前者构成实在性的或直接客观的方面，后者构成纯粹主观的方面。空间在其本身内是不相干的相互外在存在和无区别的连续性的矛盾，因而是它本身的纯粹的否定性，以及向时间的转化。空间使自己成为位置的个别性。同样，由于时间的协合为一的对立的各环节直接扬弃它们自己，时间就是直接叠合于无差别，叠合于无区别的相互外在性或空间，以致空间的位置恰好在其中直接与它的规定性全然不相干，变成了另外一种位置。空间在时间内的这种消逝和再生，与时间在空间内的这种消逝和再生，就是运动；这是一种变易，但这种变易本身同样直接是两者同一性的、定在着的统一性，是物质。

从观念性向实在性、从抽象向具体定在的转化，在这里说，从空间和时间向显现为物质的实在性的转化，对于知性来说是不可理解的，因此一直使自己对于知性是外在的，是作为一种给定的东西。流行的观念是，空间和时间作为空的，可以从外面来用物质加以充实，通过这种方式，一方面假定物质性事物同时间与空间是不相干的，而另一方面同时又假定物质性事物本质上是空间上和时间上的。关于物质通常所说的是，α）物质是复合的，这点同物质与空间的同一性相关联。就物质上被抽象掉时间和一般地被抽象掉一切形式而言，关于物质人们曾断言说，物质是永恒的和不变的。这事实上是直接下结论，但是这样一种物质也只是一种不真实的抽象物。β）物质是不可入的和进行阻抗的，是一种可以感觉到的、可以看到的东西，等等。这些宾词不是别的，无非表明物质一方面是为特定的感知而存在，一般为一种他物，但另一方面同样又是自为的。两个方面上，物质正好是作为空间和时间的同一性、作为直接相互外在和否定性或者变易的同一性所具有的规定。但是观念性向实在性的转化也以较形式的方式出现于尽人皆知的那些力学现象，即是说观念性能够代替实在性，实在性也能够代替观念性，两者的同一性之所以没有从它们这种可替换性对表象与知性明白表现出来，这只是表象与知性惯常的无思想性所导致的过失。例如在杠杆那里，质量就能够由距离代换，反之亦然，而观念性环节的某一限量会和相应的实在性东西一样产生同一的结果。在运动量上速度，即空

间和时间量的比例关系，可以代替质量，反过来当质量增高而速度相应地
减小，也可以产生同一实在性的结果。单单一块砖石打不死一个人，而是
只有通过所达到的速度才产生这种结果，这就是说，人是被空间和时间击
杀的。在此正是力的反映规定对知性一下子固定了下来，并作为一种终极
的东西起作用，从而阻碍知性进一步探究概念，而且使知性把这点当作多
余的事情。不过至少知性无思想地可以想象到这点：力的作用是某种实在
性的、可感知的东西；在力之内存在的东西正是在力的表现中的东西；它
也可以想象到，力通过观念性环节的关系、即空间与时间的关系所达到的，
正是它所表现的这种力。此外，同样属于这种无概念的反映的是，把所谓
的力看作是移植给物质的、并且看作原本是在物质之外的，以致恰恰正是
时间和空间的这种同一性被设定成了某种对物质异己的和偶然的东西，而
这种同一性是在力的反映规定上浮现在头脑中的，并且它真正构成了物质
的本质。|

第二部分.

物 理 学.

§. 205.

物质通过它的否定性环节，通过它的差异性或抽象的个别化环节，在它自身内把自己分隔开来。物质具有排斥。但物质的相互外在也同样是本质性的，因为这些有差异的东西是同一的东西，是这种相互外在存在的自为存在的否定的统一性，因而是连续的。因此物质具有吸引。这些环节的统一性是重力。

    康德除其他一些功绩外，还有一项功绩：在他的自然科学的形而上学基础中，通过他的一种所谓构造物质的尝试，在物质起先仅仅作为知性的一种僵死物被当成基础，它的规定仅仅是从各种属性的关系来加以把握以后，康德为达到物质的一种概念创立了开端。通过这种尝试，康德唤醒了自然哲学的概念，这种自然哲学不是别的，而正是对自然的概念把握，或者换句话说也一样，正是对自然中概念的认识。但是，康德在这里却把吸引力和排斥力这些反映规定假定成是现成的，物质据说应从这些规定产生，而在对它们进行规定时又把物质先定成一种现成的东西。这是一种混乱，它之成为一种必然的结果，是因为那些抽象的环节离开它们的同一性就不可能作为概念把握，或者毋宁说是因为这些对立规定的考察会把自己溶化于它们的同一性。在我的逻辑体系中（见第 1 卷，第 1 部分，第 119 页及以下）我已较详细地阐明了康德这种阐述中占支配地位的混乱。

§. 206.

物质作为有重的，1）首先只是己内存在着的或普遍性的物质；它是力学的对象。然而，2）这一概念必须把自己特殊化；这样物质就是元素的物质，并是元素物理学的对象。3）特殊性的物质把自己聚合于个别性，便是个体化的物质，并且是真正物体世界物理学的对象。

A.
力学.

§. 207.

物质起初作为单纯普遍性的物质，只具有一种量的区别，并把自己特殊化为有差异的量子，即质量，它们是在一个整体的表面的规定内，或者说是"一"，是物体。

§. 208.

物体1）作为有重的物质，是空间和时间的真纯的统一性，但是，2）作为最初的否定，物体在自身具有时空彼此的以及时空与它有区别的观念性，并且它本质上是在空间和时间内存在的，它构成时空对这一形式不相干的内容。

§. 209.

3）物体作为时间在其中被扬弃了的空间，是持久的；然而4）作为空间不相干的持存在其中被扬弃了的时间，它是暂时的，一般而言，是一种完全偶然的"一"；但是，5）物体却是在其对立中联结这两者的统一性，因此，它本质上具有运动，具有重力现象。

正如各种力曾被看作只是移植于物质之内的，同样运动本身在据说具有科学性的物理学内首先也被看作一种对物体来说是外在的规定，以致有一条力学的大公理，主张物体完全只有通过一种外在的原因才能像被移入一种状态一样被移入运动。一方面，正是知性把运动和静止作为无概念的规定互相分隔开来，因而不理解它们彼此互相的转化，另一方面，浮现于表象的也只是地球上没有自我的物体，这些物体是通常力学的对象。被当作基础的正是那些在这类的物体现象上出现和有效的规定，而独立的物体的自然则被统括在其内。但真正说来，独立的物体毋宁说倒是普遍性的物体，没有自我的物体则全然是从属的物体，而在绝对的力学中概念就在自己的真理性中以固有的方式把自己表现出来。

§. 210.

在运动中，时间从空间上把自己设定为位置，但这种不相干的空间性同样也直接变成时间的；位置会变成另一位置（ §. 204. ）。时间与空间的这种差别作为它们绝对的统一性的差别、不相干的内容的差别，是那些彼此互相分隔并通过自己的重力寻求自己统一性的物体的一种区别。这就是万有引力。|

§. 211.

引力是物质的物体性真正的和确定的概念，因此，物质的物体性本质上是分割为诸多特殊性的物体，并在运动中具有自己的现象的定在，具有外在个别性的环节，运动以此直接是被规定为许多物体的一种关系。

万有引力必须自为地被承认为一种深刻的思想，这一思想构成力学的一个绝对的基础，尽管它先还是在反映范围内加以理解的，曾首先是通过与此有关的量的规定引起对自己的注意和信赖，并且应当说它只是在从太阳系一直下至毛细血管现象所寻获的经验内找到自己的证实。此外，引力还直接与惯性定律相矛盾，因为由于引力，物质是趋求从其自身达到另一物质。正如已指出的那样，在重力的概念中本身包含自为存在和扬弃自为存在的连续性这两个环节。概念的这些环节现在却经历一种命运，与吸引力和排斥力相应，被理解为特殊的力，在更细的规定内被理解为向心力和离心力，这两者像重力一样作用于物体，彼此独立而以偶然方式在一个第三者，即在物体中会碰在一起。这样一来重力思想上那种深刻的东西就又被化为乌有了，而且只要这些备受赞扬的力的发现在关于绝对运动的学说中居于统治地位，概念和理性就不能渗入这一学说。如果细心地审究从这两种力的规律上已找出的那些量的规定，那么立即会自动发现从上述分离中产生的混乱。但是，如果以其与重力的关系来看，那么混乱就会变得更大。引力也被称为吸引，它随之显现为与向心力是同一的东西，与这一个别性的力相应的规律则显现为引力这一整体的一种规律，而在另一次又当作绝对本质性东西的离心力却显现为是某种完全多余的东西。上述的推理包含着重力的直接理念，即包含着那种作为通过各物体特殊性进入运动外在实在性的概念的理念本身；在这一推理中包含有这三个环节的理性的同一性和不可分离性。在这一推理中也表明了运动的相对性，因为运动完全只是在众多的、而且依凭相异的规定处于相互关系中的物体的系统内才具有一种意义。这样的相异的规定立即就将得出自己。

§. 212.

重力在其中被实在化的那些特殊性的物体，把它们概念的各个环节作为它们有区别的自然本性的规定。一种物体因此是己内存在的普遍性的中心。与这一极项对立的是己外存在着的、无中心的个别性。但特殊的物体是另一些物体，它们处在己外存在的规定之内，而作为同时己内存在着的同样又是一些自为的中心，作为同它们的本质的统一性相关联，它们使自己同第一种物体相关联；这是这样的一种关联：它不是一种质量对质量的关联，而是质的关联。|

§. 213.

1）相对中心性的物体在同抽象的、普遍性中心性关联中的运动，是绝对自由的运动，而这一系统的推理是，普遍性中心物体通过那些相对中心物体与非独立的物体性联结起来。

众所周知，绝对-自由运动的定律是由开普勒发现的。这是一项具有不朽荣誉的发现。开普勒给那些经验数据找到了它们的普遍的表达，在这个意义上他证明了这些定律（§.174.）。在此之后形成了一种流行的说法，认为似乎是牛顿第一个找到了对那些规律的证明。一项荣誉从第一位发现者那里不公正地转给另外一个人，这是不那么容易的事情。这里，我提请大家注意，数学家们已从根本上承认：1）牛顿的公式可以从开普勒的定律推导出来；2）牛顿对一个服从引力法则的物体围绕中心物体在一个椭圆上运动这条定理的证明，一般而言是关于一种锥形切面的说法，然而应当加以证明的主要定理却恰恰在于，这样一种物体的轨道不是一个圆或者另外地某种锥形切面，而唯一地只是椭圆。使物体的轨道成为特定一种锥体剖面的那些条件被归结成为一种经验状况，亦即被归结于物体在特定某一时刻的一种特殊状态，被归结为物体原先据说已获得的一种推动的偶然强度；3）牛顿关于所谓重力力的法则同样也只是从经验中通过归纳加以指证。更切近的考察表明，开普勒以单纯而崇高的方式在天体运动规律的形式中表述的东西，牛顿已改变成重力力的无概念的反映形式。整体来看，这一所谓证明的全部做法表现出一种混乱的结构，它是由那些被赋予独立的力具有的一种物理意义的单纯几何构图的线，由有关一种加速力、有关那些在其开始时加速力要一再重新施加影响的瞬刻时间、有关那种要延续自己先时作用的惯性力等等诸如此类空洞的知性概念得出的。关于自由运动的量的规定的理性证明，只能以时间和空间的概念规定为基础，这些环节的关系是运动。

§. 214.

2）非独立的物体仅仅是重力的已外存在这一极项，因而缺乏自己的一种中心性；这些物体对它们相对中心物体的绝对关系，是它们的重力在相对中心物体中保持静止，由于物体的相外存在，这种静止只是作一种努力，因此也是一种压力，是以物体那种处在它们之外的中心为转移的。

§. 215.

同这样一种物体静止于其中的直接的联系分离，是一种偶然的状况，当这种物体的这一外在联系的阻碍被取消时，它就通过落体扬弃这一状况；这是一种相对的自由运动，因为远移那种阻碍，这并非来自作为非独立物的物体，但当阻碍被远移开时，运动对于物体就是内在性的，并且是它自己重力的现象。这一运动本身会自为地转化为静止。

太阳的吸引力，例如它对行星的吸引力，或者地球对从属于它但却独立的物体的吸引力，本身就带着一种偏颇的表象，好像它是一种寓于中心物体的活动，而处在它的范围内的物体自己对它则只是采取消极的和外在的态度而已。于是，绝对的运动也由于运用通常力学的那些规定而被想象为一种独立的切线力和一种同样独立的发于中心的力之间的僵死冲突，物体就是被动地让这些力牵引来牵引去。伽利略的落体规律说，即经过的空间与消逝的时间的平方成比例，与僵死的机械性的抽象匀速度相对立，它表明时间和空间概念规定的自由化，在这些规定中，前者是作为否定的环节或"一"的原则具有方根的规定，但后者却是作为相互外在存在，或更好地说，作为一种走到己外的东西，没有一种不同于方根的规定而具有平方的规定；而在抽象匀速度那里，诸空间和诸时间是成比例的。在这一规律中，两个环节还保持在这种关系之内，这是因为运动在落体中的自由在其也受到制约的情况下，仅仅是形式的。与此相反，由于绝对的运动是返回自身的运动，关系便是在其总体之中。因为规律本质上是关系，所以空间和时间是保持在它们的原始区别之内，于是，没有维度的时间就只是达到形式的自身同一性，反之，空间却作为肯定的相互外在东西达到概念的维度。因此，开普勒的规律是距离的立方和时间的平方的一种关系，它是这样一条规律：它之所以如此伟大，是因为它如此单纯而直截了当地阐明了事情实质的理性，而与此相反，牛顿的公式却把这条规律变成一条适应重力的力的规律，它只是展示出半路止步的反映思维所作的颠倒和曲解而已。

§. 216.

3）在非独立的物体这一极项内，它们作为物质互相对待所具有的万有引力，从属于它们对待自己共同的中心物体所具有的引力，因此，它们相互对待的运动，对于它们是外在的和偶然的，这种运动的原因是一种碰撞和压力。在这种通常的机械运动中，那种在落体中没有意义的质量的量，以及质量通过一种特殊的性状作出的阻抗，是一个规定的环节。因为这种运动与非独立物体的本质关系相矛盾，即同非独立物体的中心物体相矛盾，所以它会通过自身在静止中扬弃自己。但概念的这一必然性却在这一外在性的领域显现为一种外在的阻力或摩擦。

惯性规律首先是取自非独立物体运动的自然本性，由于这些物体在它们中本身不具有重力的差别，运动对于它们是外在的。但是正因如此，静止对于它们就是内在性的，即与处在它们之外的中心是同一的。因此，它们的运动本质上是转入静止，不过却不是转化为绝对的静止，而是作为趋求它们中心的努力转化为压力；这样的努力如果应当被视为一种努力趋求的运动，那就至少也是那种外在的运动变为这种努力，它构成物体的自然本性。个别性的阻力，或者普遍性的阻力、摩擦，虽然是一种外在的东西，但却是一种必然的东西，它是那种通过非独立物体的概念设定起来的转化的现象。在钟摆上发生的也正是这种情形。关于钟摆运动，人们常说，假如能够去掉摩擦，它就会不停地持续下去。就其自身而言，惯性规律所表现的并非别的，无非是知性固执于静止和运动这些抽象，即认定静止只是静止，运动只是运动。这些抽象相互转化才是概念，这种转化对于知性乃是某种外在的东西。这一惯性规律，碰撞、吸引还有其他一些规定，已被不得体地从通常力学搬到绝对力学，但在绝对力学中，运动应该说是在其自由的概念内的。

§. 217.

各中心物体及各非独立物体具有的区别处于重力本身的己内存在之中，重力的同一性的自然本性是它们的实存。非独立的物体作为自身同一的重力的己外存在，具有实在性区别的开端，它只具有重力的一个否定的中心，具有自己质量的一个重心，它的运动的规定性不是自在而自为的，而是回到一个因素，对于这一因素，质量是另一种因素，以致质量的量可以代换自己，而运动仍保持为同一的。

§. 218.

被规定存在具有的这种外在性构成了物质的独特规定性；因此，它不停留于量的区别，而应当说这种区别本质上是质的区别，以致物质的规定性构成了物质的存在。

关于一种无形式物质的空洞抽象，只允许物质有一种单纯量的区别，并把进一步的规定性视为一种对于物质是非本质的形式。即以吸引力和排斥力来说就应外在地作用于物质。既然物质是设定自己于外的概念，它就同样是与特定的形式同一的，以致这种形式构成了它的自然本性。

B.
元素物理学 .

§. 219.

由于重力的概念是本质的外在性，重力作为物质在自己内存在着的本质，作为仅仅内在的同一性，会转化为本质的显示。作为这样的显示活动，它是各反映规定的总体，不过，这一总体是被抛射分裂了的，每一规定都显现为一种被特别赋予质的物质，这种物质当其尚未规定为个别性时，是没有形态的元素。

近些时期以来，为了确定一种元素，已随意假定了化学的单纯性。这种单纯性与关于一种物理元素的概念毫无关系，物理的元素还是一种实在的物质，是物质自在地存在着的总体。

a）元素物体.

§. 220.

1）最初的元素物质是它的纯粹的同一性，不是作为内在的同一性，而是作为定在着的同一性，也就是说，是作为与总体的其他规定相对立而被规定为独立的那种自身关联。物质的这一实存着的自我是光。

§. 221.

作为物质的抽象的自我，光是绝对轻的东西，而作为物质，光又是无限的东西，但作为质料的观念性，光是不可分离的和单纯的己外存在。

在东方关于精神东西和自然东西的实体统一性的直观中，意识的纯粹的自我性，自身同一性的思维作为真和善的抽象，与光是一体的。如果人们已称为实在论的观念否认在自然内是存在观念性的，那它就只须得就证于光，就证于这一纯粹的显示，这种显示正只是显示。有重的物质是可分离为质体的，因为它是具体的同一性，是量。但在光的完全抽象的观念性中就没有这样的区别。在光的无限传播中，对光的限定不会去除光的绝对的联系。据说一种在其传播中受到限定的光是由分离的单纯的光线和光微粒以及它们形成的光束组成的，这种关于分离的单纯光线、光微粒和光束的观念，盖属牛顿以来特别在物理学中已占统治地位的那些残存的蒙昧概念。光在其无限传播中的不可分离性，这种保持与自己同一的实在性的一种相互外在性，很少会被知性说成是不可理解的，因为知性自己的原则毋宁就是这种抽象的同一性。当天文学家们前来谈论那些天体现象，说它们被我们察知时已经就是五百多年以前发生的事了，那么我们从中可以看到：

一方面是光播散的经验现象，这些现象在一个领域内有效，却被认为可以搬到另一领域，在那里它们毫无意义；但另一方面我们可以看到，某一过去按照回忆的观念性方式成了一种现在。按照一种观念，在一个可见的面上从每一个点可以向一切方向发送光线，因而从每一个点出发都可以形成一个具有无限维度的质料性的半球，所有这些无限多的半球是互相贯通的。但是不是事情由此会在眼睛和对象之间出现一种密集错综的质体，借助这种说明有待说明的可见性宁会产生不可见性，这整个的观念本身毋宁说是把自己还诸为虚无性了，正如那种关于一种具体物体的观念一样，据说这种具体物体要由许多物质组成，以致在一种物质的细孔里有另一些物质在，反过来，在这些物质本身内又藏有和遍布着其他一些物质，但这种全面的贯通就把有关质料分离的物质性的假设给取消了，毋宁说，这就论证了一种完全观念性的关系。自然事物通过光而产生生气，通过光而个体化，它们的开启也通过光来加强和协合，就这点来说，光的自我性的自然本性在物质的个体化中才能表现出来，因为最初的抽象的同一性只有作为特殊性的回归和扬弃，才是作为个别性的否定的统一性。

§. 222.

光首先在总体各环节差异性的或知性的这一规定中，作为普遍的同一性与作为一种外在东西及他物，同作为一种暗的东西的具体的物质发生关系，这种一方通过另一方接触和外面变暗过程，就是颜色。

按照著名的牛顿理论，白色的亦即无色的光是由五种颜色组成的，或者说由七种，因为这一理论本身在这方面知道得并不确切。在光的问题上，这种观念抓起了最坏的反思形式，抓起了组合这个概念：明的东西在这里甚至应该由七种暗的状态组成，就像人们竟然能让清澈的水由七种土壤组成一样。首先，对于这种观念之蒙昧，人们如何强烈地表示自己的意见也不算过分。其次，同样可如此的是关于牛顿观察与试验上的笨拙和无聊乏味，甚至的确地还关于其缺乏诚实。接着是关于那种同样坏的从那些不纯的经验数据进行推理，推论和证明的性状，然后对于现已长达一个半世纪之久对他的盲目膜拜，对于那些为这一愚昧观念辩护的膜拜者们的无知；

最终特别地是关于那种的无思想性，以之那一理论中大量直接的推论（例如消色差望远镜的不可能性）已被放弃，而理论本身却还被坚持着。最后还得关于盲目性的成见，即以为这一理论是依据某种数学的东西，似乎那些部分地本身是错误的与片面的测算，及那些掺入各种推论内的量的规定，给理论与事情的本性本身提供了多少一种的根据。为什么歌德的对光之内这种黑暗所作的既清楚、又透彻，而且也有学识的烛照，不曾达到有力的接受，一个主要原因无疑地是这点：因为人们应当不讳加以承认的那种无思想性和童稚性是太大了。这些无稽的观念不是愿使自己就此减少，在最近一些时期依靠马律斯的那些发现还被增多了，通过光的偏振，甚至通过太阳光线的四角形性，通过红色光线的一种左边旋转的运动和蓝色光线的一种右边旋转的运动被增多了。诸如此类的愚昧想法通过物理学有作所谓假设的特权给自己进行辩护，但是即便是在戏言时也不允许有愚昧；假设永远不应当是戏言，在假设上大家更应该少搞一些诸如此类的东西。

§. 223.

光构成抽象中心性物体的定在或物理学意义，这种物体作为发光物体是实在性的。|

§. 224.

〔2）〕这种抽象的同一性在它之外具有它的实在性的对立。作为反映的元素环节，这一对立在自己内进行分解，并且是作为一种二一性存在：α）是物体的差异性的二一性，质料性自为存在、凝固性的二一性；β）是对立本身的二一性，但这一对立作为自由的、未由个体性加以阻截而只是沉潜在自身内的，却是解体与中和性。前者是月亮物体，后者是彗星物体。

这两种物体作为相对的中心物体在重力系统内也有它们特定的意义，这一意义与它们的物理学意义一样，以同一的概念为基础，在这里可以指出来。这两种物体不是围绕自己的轴旋转。凝固性物体作为形式的自为存在的物体因此是服务于另一物体的，是另一物体的卫星，它在这一物体中具有自己的轴，而形式的自为存在是那种统含在对立中的独立性，因而不是个体性。那解体的物体，凝固性的对立面，在其行为上是逾轨的，在其偏心轨道上同其物理学的定在内都是表现偶然性的，以致关于这类物体人们推测说，一个大行星在邻近，可能会改变它们的轨道。它们表现出自己是一种表面的具体，这种具体同样因偶然而又可以使自己变为尘埃。月亮不具有大气，因而也缺少气象过程。它只显出有高山和坑洞，以及这种凝固状态在其自身内的炽热过程。这是一种结晶体的形态，海谋（一位少有的有头脑的地球构造学家）曾指出它是单纯凝固的地球的原初形态。彗星显现为一种形式性的过程，显现为一种变动不定的云雾团，没有人曾指明有某种凝固的东西，有一个核心。古人认为彗星是单纯的流星，对于这种观念近时期的天文学家们终归不再如同先前那样高傲和鄙屑了。迄今只是首次观察到唯一一个彗星复归，根据计算人们也曾期待出现其他一些，但它们却不曾到来。由一些天文学家所作的推测也暗示：天文学家们会想到随着时间推进，放弃迄今关于彗星是对系统整体偶然的、交叉错乱出现的现象的形式观点，他们将可能理解关于系统中其他物体自己会防范彗星的想法，即关于这些物体会作为必然的有机环节动作的想法，以此与迄今针对彗星吓人的危险而摆出的慰藉理由相比，会有更好的慰藉理由出现。

§. 225.

3）对立回到自身内，就是地球或一般行星，即个体性总体的物体，在这种总体中导向分离的凝固性已被开启为实在的区别，而这种解体过程是通过自我性的统一点被协合起来的。

人们已习惯于把太阳和星星当作比行星更加优越的自然物，因为反思最初超于感性知觉之上时，与那种尚未得到理解的个别性东西对立，而把抽象的东西看作最高的东西。逸星这个名号是按对个体性物体运动的直接观点给它们起成的，但自在自为地看来，这种运动作为自转和同时作为围绕一个中心物体的运动，是最具体的运动，是生命力的表现，正因如此，就既优越于系统中心的静穆，又优越于月亮与彗星体服务的和逾轨的运动。同样，中心物体的发光自然本性是抽象的同一性，这种同一性的真理性如同思维的真理性一样，是在具体的理念内，是在个体性之内。至于说到行星的系列，那么天文学关于它们最切近的规定性、即距离也还根本没有发现什么真正的规律，更没有发现某种合乎理性的东西。我在以前学位论文中就这方面尝试过的东西，我不再能看作是令人满意的了。同样，自然哲学想在物理性状中指证序列合乎理性的种种尝试，至今也不外乎只能视为是寻找关键性观点的开端。不合乎理性的东西在这样做时以偶然性的思想作为基础。例如在开普勒主张按音乐和谐规律理解太阳系布局的思想中就仅仅看到一种想象力的迷误，而不是高度估价主张这一系统中存在理性的深刻信念，但这是那样一种信念：它曾是开普勒那些辉煌发现的唯一的基础。与此相反，牛顿曾把音律的数量关系运用于颜色，这整个既笨拙又误人的运用却保持了荣誉和信仰。

b）元素.

§. 226.

个体性的物体具有元素总体的各个规定，这些规定是直接自由自为地持存着的物体，是作为个体性物体那里的从属的环节，它们以此构成个体性物体的普遍性的物理学元素。

§. 227.

1）无区别的单纯性的元素不再是肯定性的自身同一性，不再是自我显示活动，这种活动是光本身，它构成个体性物体特有的、内在的自我。反之，无区别的单纯性的元素只是否定的普遍性，是作为一个他物所具有的无自我的环节。这种同一性因而是对于个体过程与有机过程确然无疑的力量，不过却是隐秘支配和消耗它们的力量。这一受纳一切、透明而具有弹性的、渗透于一切的流体，是气。

§. 228.

2）对立的元素 α）是自为存在，但并非是凝固性的不相干的自为存在，而是在个体性内被设定为环节的自为存在，因而是质料性自我性，是与热有同一性的光，这即是火。火是物质化的时间，是完全非静止的东西和进行耗灭的东西，持存物体的自我耗灭会突现于这种时间，恰如这种时间反过来在外面向持存物体接近而把它毁坏一样。这是那样一种耗灭活动，它同样也耗灭自己本身。

§. 229.

β）另一元素是中和的东西，是被结合在自身内的对立，但是这一对立却不假借个别性、因而也不假借凝固性和自身内的规定，能使一种彻底的平衡解体，使一切机械地在它之内被设定的规定性解体，而只是从外面获得形态的被限定状态，并且在它自身是没有过程的非宁静性，而完全就是过程的可能性和可溶解性。这就是水。|

§. 230.

3）但是发展开的区别的及其个体性规定的元素，则一般地首先还是没有得到规定的土质性。

c）元素的过程．

§. 231.

不同的元素，和它们彼此之间以及对于它们的统一体所具有的差异，维系在个体性的同一性之内；这种同一性是一种辩证法，这一辩证法构成地球的物理生命，构成气象学的过程，唯有在这种过程内，各元素作为非独立的环节才具有自己的持存，正如它们是在其中才被产生一样。

正像通常力学与独立物体的种种规定被运用于绝对力学与自由的中心物体一样，个别化的个体物体的有限物理也被等同于地球过程的自由独立物理。在地球的普遍性过程内，再次认识和指证表现在个别化物理物体性状上外在的和非独立过程中那同一些规定，恰恰被当成是科学的凯旋。指证这种等同性是借一种方式完成的：各种规定由于抽象掉它们独特的区别和条件被弄成表面的普遍性，如吸引即是如此；于是有了种种力和规律，在这些力和规律上缺少那种特殊的东西，缺少具体的概念和诸多条件，而且相应地不是被看成是作为一种外在的材料附加上去的，就是照样依类比附带构想的。有关各元素实体性的和不变差异的固定观念，造成了一种主要的区别，这种差异是被知性从个别化材料的过程中一次性地固定了的；只要这些过程显示出更高的转化，例如在晶体中水已固化，光、热消逝等等，顽固的形式思维就与概念针锋相对，从种种暧昧的规定，部分地也从些纯然无意义的术语，有关溶解、被化合和潜化之类，寻获自己的帮手。对此主要是在于把现象方面的一切关系都变为材料和物质，部分是无重的材料与物质，这样，每种物理的定在都被弄成了上述的物质混沌，和这些物质在每一其他物质假想出的细孔中时出时进的活动，于是不唯一切概念，而是就连表象也到头了。

§. 232.

地球的过程不断为其普遍性的自我，光的活动及地球对太阳的本原关系所激发。这一过程的一个环节是地球的实体同一性的分离，是张裂为独立对立的诸环节，张裂为凝固性和无自我的中和性，这样，地球就走向解体，一方面变成晶体，一种月亮，另一方面变为一种水性物体，一种彗星，而这些环节则寻求实现同它们独立根本的联系。

§. 233.

另一环节是，对立的各个环节所趋向的自为存在扬弃自己为被推到顶点的否定性，这也就是各环节所尝试的不同的持存引燃自身的耗灭过程，由于这一过程，各环节的实体同一性就把自己恢复起来，而地球对自己就变成了可孕育的个体性。

雷雨是这一过程的完全显现，其他的气象学现象是这一过程的发端、环节和不成熟的展示。但是，由于物理学把自己的视点限于外在过程的一些条件，它在雷雨问题上还既不曾能够弄清雨的形成（尽管有德吕克的种种观察和那些由他得出、并在德国人中由机敏的利希滕贝格，针对分解论始终坚持和至少使人回念不忘的结论）也不曾能够弄清闪电以及雷声。同样，它也不曾能弄清其他气象学现象，特别是过程在其内一直进展到开始形成一地核的那些大气成分。

§. 234.

物质的概念，重力，在元素的自然内把它的各环节剖分开来，首先是剖分为种种独立的实在性形态。地球首先是个体性的抽象根据，它把自己作为诸分离抽象元素的否定的统一性设定于自己的过程，从而是作为进行个体化的实在性根据和现实性而进入自己的过程，在这种现实性中，各元素现在把自己表现为是一起结合在这一具体统一点的。｜

C.
个体物理学．

§. 235.

个体性的物体是从重力的普遍性，通过元素的特殊性而联结到个别性的物质。这样，物质现在就是自在自为地得到了规定的，并通过个别性而具有独特的形式，这种形式构成一个物体进行特殊化的统一性。这种个体性 a）是直接的或沉静的个体性，即形态；b）是它特殊化为各属性的差异和诸区别的紧张关系；c）是形态在其中既使自己解体、又于自己自在自为被规定存在中产生的那种过程。

a）形态.

§. 236.

物体最初只是以一种表面的"一"为它的本质，尔后则以整一特殊的规定性为它的本质。物质的个体性在其直接的定在内是内在性的形式，这种形式给那种物体的物质以一种固有的特定的区别，这就是形态，物质的内在协合的特殊方式，及其在空间内的外在的限界，亦即机械性的个体性。

物质之特殊化为一种元素还是没有形态的，因为它才仅仅是特殊性。在形态的形式以及一般地在个体性形式问题上，有关一种外在机械的方式以及有关组合的观念，是首先需要剔除的。求助于各部分的外在分割和它们的一种外在的连缀来理解形态的规定性，那是无济于事的，本质性的东西依旧还是这些部分上所表现出来的、并且构成它们相关联的一种特定的自我性统一性的那种独特的区分。

§. 237.

抽象的特殊化是物质的比重或密度，即质体重量和体积的比例关系，由于它们，物质的自我性便使自己摆脱对中心物体的抽象普遍关系，并停止其为对空间的均一的充实，而把一种特殊的己内存在和它们之间的抽象相互外在关系对立起来。

大家知道，物质的不同的密度现在是借助于关于细孔的假设来说明的，而说明一般意味着把一种现象归结到所定的、熟知的知性规定，并且除了组合、部分及这些部分之微小、虚空外，表象便没有什么更熟知的知性规定了，因而除用虚构细孔的办法来理解物质密度之外，也没有什么更了然的了。所谓细孔是些空虚的中空空间，物理学谈论它们就同谈论一种现成的东西一样，但是它却不能把它们指给人们，尽管它同时宣称自己唯一只是以经验和观察为依据。超过经验与观察的和只是被假定的，是思维的事情。但物理学却不会随兴想到它具有思想。这在两重的意义上是真的，而这里在第三重意义上也是真的：细孔乃是赤裸裸的虚构。关于重力独特特殊化，一个直接的例证是如下现象：一条在其支点上平衡悬浮的铁棒，会失去它的平衡，于是在一极显出要比在另一极重些，就像它被磁化了一样。物理学于其表象密度的方式上作为前提的定律是1）同等数目的同等大小物质部分是同等重的；因而这里是止于重力的形式的同一性的。2）这些部分数目的度量是重量，然而3）也是空间，故而具有同等重量的也占有同等的空间；因此4）如果同等的重量终归也显现于某种不同的体积，那么通过假设细孔存在，所充实的空间的等同性就还保持不变。康德已经把强度同数目这种量的规定对立起来，并且不再用同等空间中更多部分这种说法，而代之以同数的、但却具有更强程度的空间充实，以此开了一门所谓动力物理学的源头。强度内涵限量这一规定至少应能和广度外延限量这一规定具有同样多的存在权利，但这种区别（ §. 55.）是空虚的和本身无谓的。不过内涵的数量规定在这里却有这一优点：它指示着度，且首先暗示出一种己内存在，而这种己内存在在其概念规定中是内寓性的形式规定，这种形式规定是作为一般的限量存在于那里；但是限量之区别为内涵的限量或外延的限量——动力物理学也不外达于此——却不表现什么实在性。

§. 238.

密度仅仅才是单纯的规定性。但是单纯的规定性本质上是物体性的一，不过在这里完全是作为内在性的形式规定性。这样，一就构成脆性的原则，构成保持自己于点状性内的形态活动的原则。

前此提到的小微粒，物质的分子，是一种外在的反映规定。一的规定具有的实在性意义在于，一是形态活动内在性的形式。

§. 239.

但是脆性的东西作为自为地存在着的主观的东西，必须把自己开启为概念的区别，点必须转化为线，并在线那里把自己对立地设定为各极项，这些极项是通过中项，通过它们的无差别点来维系的。这一推理构成形态活动在其已发展的规定性内的原则，而依此严格地存在的是磁性。

磁性是那些规定之一，这些规定在思想于特定自然内推探自己和把握一种自然哲学的理念时，必定会首先呈现出来，因为磁体以一种单纯素朴的方式表现着概念的自然本性。两极不是什么特殊的事物，它们没有什么感性的、机械的实在性，而只有一种观念性的实在性。它们于其中具有自己实体的无差别点，是它们在其内仅仅作为概念规定而存在的那种统一性，而两极性是单单这样的一些环节具有的一种对立。促成把磁性看作某种单纯特殊东西的现象，只是不断再现的一些同一规定，而不是什么能给描述提供数据的种种不同的属性。个别性的磁针之指向北方，从而作为一体也指向南方，这是普遍的地磁性现象。与之同一的现象是，当有这样两个经验磁体，同名的极就互相排斥，而不同名的极则互相吸引。之为磁性本身的，正在于等同的、无差别的东西自身分离，并对立化为两极端，而不等同的、有差别的东西则设定自己的差别。人们甚至曾把不同名的极称为友好的极，但把同名的极称为敌对的极。但是一切物体都是有磁性的，这种说法却有一种不巧的双重意义：正确的意义在于不仅仅脆性的形态，而且一切实在性形态都包含着这一概念；但不正确的意义是，一切物体在其自身同样也以这一原则严格的抽象形态具有这一原则，正如这一原则作为磁性存在那样。以此想要指明一种概念形式为在自然内现成存在的，说它适如一种规定性作为一种抽象那样，应在这种规定性内普遍实存着，会是一种非哲学的思想。自然毋宁说是在相互外在元素内的理念，以致它恰如知性一样，是分散地固定把握各个概念环节，是在实在性内表现它们，只不过在更高的有机事物中会把有区别的概念形式的最高具体结合于一体。

§. 240.

磁性作为诸极项线状的空间性和观念性的对立是形态的抽象概念，与磁性对立的是形态的抽象总体，是球体，是各部分实在的无形态性的形态，是它们的流体的无规定性和不相干的可推移性的形态。

§. 241.

在点状的脆性与自己成球形的流体这两个真正无形态的极项之间，实在性的形态属于那些极项的结合，属于向总体的物体性转化的磁性，属于内聚性。

§. 242.

通常的内聚性只涉及一个物体各部分联系的量的强度的个别性环节，具体的内聚性是这种联系的内在性的形式和规定性，并包括外在的结晶和碎裂形态或核心形态，及内在的显示为完全贯通于自身的结晶。

§. 243.

通过外在的结晶，个体性物体才作为同其他物体对立的个别性物体完成封闭，并有能力同它们发生一种机械性过程。作为内在地构造形态的物体，个体性物体把这种过程特殊化，这种过程同作为单纯普遍质体的行为态势对立，这样它就在对待外在强力的阻抗中以弹性、硬度、柔性、韧性、可延性和可裂性保存了它的个体的规定性。

§. 244.

但是，如果说密度只才是作为体积与质量的比例关系而是单纯的规定性，那么内聚性就是作为个体性的自我性东西的这种单纯性。因此物体在机械的强力引起的震荡中自我保存，同样是它的个体性纯粹观念性的一种显露，是它在自己之内贯彻于它的整个内聚性的独特运动的一种显露。这是它的观念性的相

互外在，于自己之内通过它的自我性的时间进行的特殊规定。物体使之同实在性强力及外在改变对立而显现为物体的、特殊化了的观念性的这种振颤，就是声音。|

无内聚性的东西，脆性和流体的东西，是无声音的，在自己那种仅是一种外在震荡的阻抗中也只能造出一种噪音。

§. 245.

这里，由于这种个体性只才是直接的个性性，它可能为机械性强力所扬弃。摩擦把物体性的那种通过内聚性保持相互外在的区别聚集为同一时刻的否定性，这种摩擦使物体开始的或自身完成着的一种自我耗灭突然表现出来，这种物体现在在内在变化和扬弃它的内聚性这两者的关系中通过热容来表现它的特殊的自然本性。

b）区别的特殊化.

§. 246.

形态活动，重力或机械性的个体化，现在转化为元素的特殊化。个体性物体在它自身具有各元素的总体，作为各元素的主词，它首先包含着它们作为种种属性或宾词；但是第二，这些元素只是才维系在直接的个体性之内，这时也是作为彼此互不相干的物质；第三，这些元素是对未被结合的元素的关系，以及个体性物体同这些元素进行的过程。

古代普遍的思想认为，每一物体都由四种元素构成，近代帕拉采尔苏斯则认为，每一物体都由水银或流体、硫磺或油及盐构成。对于古人思想或帕拉采尔苏斯思想以及其他许多同类思想来说，首先并不难提出驳斥意见，因为人们想要认为那些名称所指的，是最初以这样的名称表示出的那些个别经验材料。但是不容误解的是，这些思想远为更本质地曾包含着和应该说也表达了概念规定，因此这里令人惊叹的也毋宁说是那种强烈的力量，以这种力量，思想曾在那种的感性事物内只是去认识和把握它自己的规定与普遍性的意义。再者，由于这样一种理解和规定以理性为其泉源，这种理性不容自己为现象的感性眩目变幻及其错乱迷惑引入歧路，也完全不容使自己本身落于遗忘，所以这种理解和规定无限高于那种无思想地寻找物体的属性并混乱地数述它们的做法。在这里，配作为一种功绩与一种荣誉的一直还是某种特殊的东西已作为结局，而不是把它归回普遍的东西和概念，和从中去认识概念。

§. 247.

a）物体把与它的暗性邻接的光的外在自我个体化，使之成为光的一种特殊的晦暗活动，使之成为颜色；b）物体把作为抽象无自我的普遍性的气，个体化为自己特殊过程的单纯性，或者说，在气味中物体的特殊的个体性毋宁是在其单纯性中，本身仅仅是作为过程；c）物体把水，抽象的中和性，个体化为盐性、酸等等的特定的中和性，个体化为滋味。

§. 248.

各种物体由于它们这一普遍的地球总体，首先对于各元素处在一种表面的过程，因为它们的个体性自然本性对于各元素是封闭的。但是作为个别性的物体，它们彼此也处在相互关系之内，更好地说，作为特殊性的个体性处在机械性的行为之外。

§. 249.

首先各物体作为互相对置独立的东西保存自己，并且如果它们在机械关系中于观念性的运动内作为一种自己之内的振动、作为声音宣示出它们的自我，那么现在它们就在实在性的自我性中，在电的关系中互相对置着出现了。

§. 250.

　　诸物体在接触中显示出的自为存在，是通过他物的差别在每一物体中设定起来的，因此也不是自由的，而是一种对立的紧张关系，不过，进入这种紧张关系的不是在其整体规定性中的物体自然本性，而只是物体抽象自我的实在性，一种光，更确切地说，是一种对立的光产生自己。对分离的扬弃，这一过程的另一环节，以一种无差别的光为产物，这种产物作为无物体的东西会直接消逝，因此在这一抽象的物理现象外主要也只有震荡的机械作用结果。

　　大家知道，先前系于一种特定感性实存的关于玻璃电和树胶电的区别，通过完善化的经验已被观念化，成为正电与负电的思想区别。这是一个引人注目的例子，表明那种首先想用感性形式把握和理解普遍东西的经验如何扬弃它自己本身。如果说在近时期已频频谈论光的偏振，那也应该说把这一术语保留给电似乎比保留给马律斯现象有更大的理由，在后者那里，涉及的是透明媒质、反光面及其不同的相互位置，以至光的特定某一入射角度，和其他诸多相异的状况，它们不是在光本身表现出区别，而仅仅是在光的映现上。正电和负电出现时遇到的条件，例如较光滑或较毛糙的表面，某种水气，以及诸如此类，都证明电过程的表面性，并证明物体的具体物理本性介入其中是何其小。同样，两种电光的弱着色，气味和滋味，也只是显示出一种物体性在光的抽象自我那里开始，过程仍保持在这里。那种其为对立紧张关系的扬弃的否定性，主要是一种击打。把自己设定为与自己同一的自我，作为这样的自我也停留于时间、空间及机械性的观念性领域之内。光几乎不具有使自己物质化为热的一种开端，而那种能从所谓放电产生的燃烧活动则更多是震荡的一种直接的作用结果，而不是光之实现为火的结果（**Berthollet Statique Chimique Iére Partie, Sect. Ⅲ. not. Ⅺ.**〔伯叟莱著静电化学第 Ⅰ 卷第 Ⅲ 节注解Ⅺ〕）。贾法尼电流是被更加持续化的电过程。它作为两种有差别的非脆性物体的接触，具有持续性，这两种物体由于它们的流体自然本性（所谓金属的导电能力）之故，给它们的整个差别直接相互对立地提供定在，而由于它们的坚固性及这种关联的表面性之故，又相互对立地保存自己与它们的紧张关系。贾法尼电流过程只是由于物体的这种特殊的特点才变得更加具体，更具有物体的自然本性，并且构成向化学过程的转化。

§. 251.

　　物体的个体性是概念的否定的统一性，这一统一性完全不是一种直接的东西和不动的普遍东西，而只是通过过程的中介设定自己的。因此，物体是产物，而它的形态是一种前提，形态所转化成的那种结局，毋宁是以这种前提为前提。但是特殊化并不停于单单惰性的差异以及对立，仅仅作为纯粹自我性的紧张关系和差别，相反地，由于各特殊性的属性只是这一单纯概念的实在性，是它们的灵魂即光的肉体，所以整个的物体性会进入紧张关系和过程之中，这种过程是个体性物体的形成，是个别化。这就是化学过程。

c) 个别化过程 .

§. 252.

　　化学过程以自己的各产物为前提，因此 1) 从它们的直接性开始。按照概念，特殊的物体是直接的，因为特殊物体的属性或质料是一起结合为单纯的规定，并且是已经和特殊化了的重力、密度的单纯性变为等同了的。金属性是那种使特殊性由此作为流动的、并能够在未被分离的整体性和普遍性中把自己设定于与另一特定差别对立的特定差别之内的真纯性。

§. 253.

　　作为两者的统一性与每方自在本质的概念，通过一个中项让自己把这些真纯的差别与自己的实在性联结起来，或者把两者中一方的差别与另方的差别设定为同一物，从而作为其概念的总体变为实在性的；这个中项起初与各极项直接的坚实性对立，是抽象的中和性，是水的元素。过程本身是这一元素通过诸极项的那种被作为前提的差别而分离成对立的环节，这些极项以此也扬弃了它们的抽象活动，并使自己完成为它们概念的统一性。

§. 254.

水分离成的环节，换言之，水被设定于其下的那些形式，是抽象的。因为水本身只是物理的元素，不是个别性的物理物体。这就是对立的化学元素，即氧和氢。但是，那些自己已相应积合的金属，从那一抽象的中项也只是获得一种抽象的积合，即一种实在性，这种实在性才是金属那里差别的一种被设定存在，即氧化物。

由于其内在真纯的自然本性，与金属性最接近的阶段是作为石灰而只是一种氧化物。但是自然在坚持确定的概念上无力，使个别的金属也在如此程度上转向对立面，乃至这些金属的氧化物立即便站在酸的那一方面。大家知道，化学已走得如此之远，不只从钾碱和钠碱，以致从铵阐述金属基，而且也从氧化锶，从重土，甚至从土来这样做，至少是从汞齐物来做，以此把这些物体认作为氧化物。此外，化学的元素是这样一些抽象：它们可在气体形式中自为地表现自己，在这种气体形式中像光一样相互渗透，尽管它们的有重性，它们的质料性、不可入性在这里还是将自己显示出是提升为非质料性的。其次，氧和氢具有一种很少独立于物体个体性的规定，以致氧把各盐基既规定为氧化物和一般碱的方面，又把它们规定为对立的方面，酸的方面，恰如与之相反地在氢酸中酸的规定显出自己是氢化一样。

§. 255.

物理的脆性，特殊性被总结为自我性统一性的存在，是与特殊化的物体性的真纯无差别对立的（矿砂作为硫与金属的结合表现为总体）。这种脆性是燃化的实在性可能性，对于这种可能性，自身耗灭着的自为存在的现实性，即火，还是一种外在的东西。火通过抽象否定性物理元素、通过气，在可燃物体的内在的差别与被设定存在或者实在性间进行中介，并把可燃物体激活到酸。但这样一来气就分离为它这一否定的原则，即氧，以及死的肯定的残余物，即氮。

§. 256.

诸化学的元素：无差别的抽象，氮，对立的两种元素氧和氢，自为存在着的差别、燃烧的东西与属于对立面的或自为存在着的无差别、可燃烧的东西，在碳那里具有它们个体性元素的抽象。

§. 257.

2）抽象过程的两种产物，即酸和碱化的或碱的东西，已不在单纯的差异之内，而是在真正的差异之内（是浓缩的酸和被激活为腐蚀性的碱），因而也是不能自为地持续存在的，而只是扬弃自己并设定自己与对立面同一的骚动。它们的概念在其中实现的那种统一性是中性的东西，是盐。

§. 258.

3）在盐中，有形态的和具体的物体是作为它的过程的产物。这类相异东西彼此的行为关系一方面涉及到各物体更细的分殊化，种种所谓的选择亲和性就是由这种分殊化产生。但是，由于参与这些过程的各极端不是抽象的物体，这些过程本身一般自为地是更为实在性的。它们是中和的东西分离为一些抽象，它们曾是从这些抽象的过程中被产生出来的。就特有的地方来看，它们是向种种氧化物与酸的反归过程，此外也是通过直接的在抽象形式中向无差别的盐基的反归过程，这些盐基以此把自己表现为产物。

在经验化学中，事情主要与产物的各别性有关，这些产物进而按表面的抽象的规定被排列起来。在这种排列次序中，各种金属、氧、氢、土、硫、磷等等，显现为些相互并列的单纯的化学物体。同样混乱的是，较抽象的过程和较实在的过程被置于同等阶段。如果说这种混合中应当出现一种科学的形式，那么每一产物就需要依据过程的阶段来规定，每一产物本质上产生于这种阶段，这种阶段也赋予它们以它们独特的意义。同样本质的也在于区分过程的抽象阶段或过程的实在性阶段。动物实体和植物实体本来属于完全另外一种系列，它们的自然本性同样很少能够从化学过程给出概念理解，因此毋宁说，那样一来它们倒会被毁坏，而且只有它们在其中死亡的道路，才会被捕捉到。然而这些实体却极应当用来对付化学中及物理学中占统治地位的形而上学，即对付关于原素不变性、关于它们的组成以及它们构成的思想，或者更确切地说，对付有关这些的种种荒唐的观念。不过我们一般地也看到，人们承认化学原素在化合中失去它们在分离时显示出来的属性，虽然如此，我们还是看到一种观念在通行，即认为它们没有这些属性与它们具有这些属性是同一的事物，而作为具有这些属性的事物，似乎并非首先是过程的产物。对于简化选择亲和性中的种种各别性，通过里希特和吉顿·莫尔沃找到的下述规律已实现了重要一步：当各中和的化合物通过溶解被混合起来，且各种酸彼此交换它们的盐基时，这些化合物在饱和状态方面不经受任何变化。与此相关的是酸和碱的量的标度，按照这种标度，每种个别性的酸为了自己饱和，同每种碱性东西有一种特殊的比例关系，但如此一来，对于每一只是在量的单位上与其余酸的单位有所不同的酸，现在各种碱在自己当中对它们的饱和彼此就像对其余的酸一样，具有同一的比例关系，因而各种酸在自己中相对于不同的碱性物也有一种恒常的比例关系。由于化学过程本来在概念中具有它的规定，所以过程的一种特殊性形式的经验条件就不像在电中那样是一些固定的感性规定，也不像人们例如在选择亲和性上想象的那样是一些抽象的环节。伯叟莱在他的名著 **Statique chimique**［静电化学］中曾汇集和研究过那些给化学作用的结果带来某种变化的情况，这些作用结果据说只是从人们视为恒常和固定的规律的选择亲和性的条件而来的。伯叟莱说，科学通过这些解释所获得的表面性，被人们特别看成是科学的进步。

§. 259.

化学过程诚然一般说来就是生命，以此个体性物体在其直接性中既被扬弃，又被产生出来，于是概念也不再保持为内在的必然性，而是达于现象了。但是概念也只是达到现象而已，并非达到客观性。这一过程是一种有限的和可逝的东西，因为个别性物体具有直接的个体性，因而具有一种受限制的特殊性，过程因此也具有种种直接的与偶然的限定条件。在中和的东西中，差别和火熄灭，这种东西在自己本身内不给自己点燃二分活动的火焰，正如有差别的东西首先是在不相干的独立性中实存一样，不是自为地处在彼此的关系之中，也不是把自己本身激活。

　　某些化学现象促使化学家们在进行说明时运用合目的性规定，例如在这种过程中有一种氧化物被降到氧化的较低的一种程度，在那里它自己可以与参与作用的酸化合，而有一部分则相反，被更强地氧化了。因此，这里就包含着概念在实现中的自我规定。

§. 260.

　　在化学过程中，物体既在自己的产生、又在自己的消逝中表明自己直接个体性的飘忽性，并把自己表现为普遍个体性的环节。在后种个体性中，概念具有自己与自己相应的实在性，具有一种从特殊化中形成的、具体的普遍性，这种普遍性由此将化学性的直接过程中互相分离的条件与总体推理的诸环节包含于自身。这就是有机体。

第三部分.
有机物理学.

§. 261.

因为个体性物体的实在性总体已使它的特殊性成为产物，而又同样扬弃了这种产物，因此，它就把自己提高到自然的第一种观念性。但是，其结果是它已变成一种充实了的并本质上自我性的和主体性的总体。这样，理念就达到了实存，首先达到了直接的实存，达到了生命。生命 a）作为形态，即生命的普遍的图像；地质有机体；b）作为特殊的或形式的主体性，是植物主体性；c）作为个别的具体的主体性，是动物自然界。

A.
地质自然界.

§. 262.

个体性物体的普遍性的系统是地球，地球在化学过程内首先在特殊化中具有它的抽象的个体性，但是作为这种特殊化的总体，却是无限的自身关联，是普遍的燃起它自身的过程，是直接的主体及其产物。不过，作为被主观的总体给其自身设为前提的直接总体，地体只是有机体的形态。

§. 263.

因此，这一有机体的肢体在自己本身并不包含过程的普遍性，它们是些特殊性的个体，并且构成一种系统，这种系统的各个形成物把自己表现为一个基础性理念的展开上所具有的肢体部分，但这一系统的形成过程却是一种过去的过程。

§. 264.

自然在把这一过程的力量作为独立状态留在地球彼岸，这些力量是地球在太阳系内的联系和地位，是地球在太阳、月亮和彗星方面的生命，是它的轴向轨道倾斜和磁轴。陆地和海洋的分布和这些轴及其极化有相当密切的关联；陆地在北部联系着扩展，向南部的部分分开并变得锐窄起来，它进一步分为旧大陆和新大陆，旧大陆又分布成一些洲，这些洲因其物理学的、有机学的和人类学的特点而彼此不同，并与新大陆相对而异，而同这些洲联接在一起的还有一个更为年轻和更不成熟的洲；再就是各个山系等等。

§. 265.

物理的有机化过程显示出花岗石岩石核心的一种阶程，这种岩石核心在自己内表现为各规定的一种三一体。在这一阶程上，其他的形成物一方面是一些转化形态和变态，在它们中花岗石岩心的总体仍然是实存着的基础，只是比在它自身内较不等同和较不匀称，另一方面则是这种岩核的各个环节分散成更确定的差别和更抽象的矿物环节，分散成金属和一般的采掘学对象，直到它们本身消逝在机械的层理和缺乏内在性形态的冲积层。

§. 266.

生命的这一晶体，地球这一僵死的有机体，在星球的联系中具有它的概念，但它具有自己的过程却是作为一种已成前提的过去。这一晶体是气象学过程的直接的主体，这一主体作为这种有机的整体现在是在其完全的规定性之内。在这一客观的主体中，先前元素的过程现在是客观的和个体性的过程，即扬弃那

种直接性的活动，普遍的个体性现在由此就变成了自为的，而生命也就作为有生命的东西，即现实性东西而形成了。可孕育的地球产生的第一种现实的生命性是植物自然界。|

B.
植物自然界.

§. 267.

生命的普遍性和它的个别性在直接的生命性中是直接同一的。植物主体分化和自我保存的过程因此是一种走于己外并分裂成众多个体的活动，对于这些个体，一个完整的个体与其说是它们的主体的统一性，不如说只是基础。正因如此，进而来说，各有机部分的差别也只是一种表面的变形，并且一个部分也能轻易地转化为另一部分的功能。

§. 268.

个别性个体的形态活动与再生的过程以这一方式就是与类属过程相重合的。而由于自我性的普遍性，个体性的主观的一，没有与实在性的特殊化相分离，而只是沉浸于其中，植物也没有什么位置运动，更没有一种自身间断的吸收作用，而是有一种连续流动着的营养过程；植物不是与个体化的无机东西发生关系，而是与普遍的元素发生关系；它也更不能够有感觉和动物热。

§. 269.

但是，由于生命本质上是概念，这种概念只是通过自我二分并重又合一来实现自己，所以植物的诸过程也互相离解。1）不过，植物内在的形态过程部分地作为肯定的过程也只是直接把营养流质改变成植物物种的特殊自然本性，这一过程部分地作为中介，由于它的本质的单纯性，一方面是二分活动，分为在自身内不可分离的个体性的抽象普遍性东西，分为生命性的否定的东西，即木质化，但另一方面，作为个别性和生命性的方面，它却直接是向外把自己殊化的过程。

§. 270.

2）这个过程是各肢体部分作为与元素发生不同关系的器官而展现的，部分地分为与土的关系，分为对土起中介作用的东西、即气与水的过程的二分活动。既然植物在内在主观普遍性中针对外在的个别性不能保留它的自我，所以它同样也被光牵引向外，它出节和分枝，使自己成为个体存在的一种复合体，它也是从这种光那里给自己取得特殊的活力和得以使它的自我个体化的。

§. 271.

但是，因为植物个体作为个别性东西的再生不是在它自己内主观的回归，不是一种自我感觉，而是向内木质化，所以植物自我的产生便相应地走向外在。植物在花内生出它的光，在花内中立的、绿的颜色被规定为一种特殊的晦暗过程，或者说，光也会纯粹由暗的东西作为白色被产生出来。

§. 272.

当植物这样把它的自我呈献出来作为祭品，这种外化同时也是通过过程被实现的概念，但先把自身作为整体创造出来的植物，在其中却是与它自己对立而出现的。因此，这一最高点是一种性差别的开始和类属过程的前兆。|

§. 273.

3）类属过程与个体的形态过程和再生过程是有区别的，在植物自然界的现实性中，它是一种多余物，因为那两个过程直接地是分裂为许多的个体。但是在概念内类属过程作为与其自身结合的主体性，却是一种普遍性，在这种普遍性中，植物扬弃自己有机生命的直接个别性，从而也奠定了向更高有机体的转化。

C.
动物有机体 .

§. 274.

有机的个体性首先是主体性，因为它的个别性不单单是直接的现实性，而同样是被扬弃了的，并且是作为普遍性的具体的环节，而且有机体在它向外的过程中也向内保留着自我性的太阳。这就是动物自然界，它是在个别性的现实性与外在性中，与之相反而同样直接地是在自己之内被反映了的个别性，是在自己之内存在着的主观普遍性。

§. 275.

动物具有偶然的自我运动，因为它的主体性像光与火一样，是挣脱重力的观念性，是一种自由的时间，这种时间作为同时被从实在性的外在性取来的，按照内在的偶然自己把自己规定为位置。与此相联系的是，动物具有发声的能力，因为它的主体性作为自在自为存在着的主体性，是对时间和空间的抽象观念性的统治支配，并能把它的自我运动表现为一种在自己内自由颤动的观念性的和内在的个体性。还有动物热，即作为持续保存形态中内聚性的持续的解体过程。还有间断的吸收作用。但首先是具有感觉，这是作为在规定性内对自己是直接普遍的个体性，并是把自己同自己之作为现实个体性区别开来的个体性。

§. 276.

动物有机体作为有生命的普遍性是这样一种概念：这种概念自身经过它的三个规定，其中每个规定都是实体统一性的同一总体的同一性，同时自为地作为形式规定，是向其他规定的转化，以致从这种转化中总体自己的结果就产生出来。只有作为这种再生着自己的东西，而不是作为存在着的东西，有生命的东西才是有生命的东西。

§. 277.

动物有机体因而是：α）在自己外在性中自己单纯的、普遍性的己内存在，现实的规定性作为特殊性是通过这种存在直接地被接纳到普遍性东西之内，而普遍性的东西也因此是主体在现实规定性中与自身的未被分离的同一性，这就是感受性；β）特殊性，作为从外来的可刺激性和反过来由接受刺激的主体而来的向外反作用，这就是应激性；γ）这些环节的统一性，通过外在性的关系向自身的否定的回归，从而产生和设定主体为一种个别性东西，这就是再生。再生从内看是最初两个环节的实在性和基础，从外看是分化和防护。

§. 278.

概念的这三个环节在神经系统、血液系统和消化系统等三种系统具有它们的实在性，其中，第一个系统在骨骼和感官系统循两侧转向外部；第二个系统在肺和肌肉内也循两侧转向外部；但消化系统作为腺系统同皮肤与细胞组织在一起，是一种直接的、植物性的再生，而在真正的内脏系统则是起中介作用的再生。以此动物自为地就划分为三个系统中心（**insectum**）：头、胸和腹；与此相反，用来作机械运动和抓握的四肢则构成了分别设定自身向外的个别性的环节。

§. 279.

有生命东西的理念，是已被指出的概念和它的实在性的统一性。但这一理念作为那种主体性和客体性的对立，本质上只是作为过程，即作为有生命东西的抽象的自身关联的运动，这种自身关联把自己分离为特殊性，并作为向自身的回归，也是主体性和总体性的否定统一性。但是，这些环节的每一个环节作为生命性的具体的环节，其本身都是过程，而整体就是这三种过程的统一性。

§. 280.

1）生命个别性的抽象的过程是这种个别性本身之内的形态过程，在这一过程中，有机体使它自己的肢体部分成为它的无机的自然，成为手段，出于自己来消耗这些部分，并产生自己，即正好产生这一分化的总体本身，以致每一肢体部分都交互是目的与手段，既出于它们而保存自己，又在同它们的对立中保存自己。这就是那种以单纯的自我感觉为结果的过程。|

§. 281.

2）个别性的自我感觉在其否定的自身回归中是直接排他的，并且自己对于一种作为实在的和外在自然的无机自然有紧张关系。因为 α）动物有机体在这种外在的关联中是直接在自己内反映了的，所以这一观念性态度是理论的过程，更确切地说，是特定的感觉，这种感觉把自己区别为对无机自然的多种感觉。

§. 282.

由此，感官感觉与理论的过程是，1）机械领域的感觉，如对重力、内聚性和它们的变化的感觉，对热的感觉，即感觉本身；2）对立的感觉，即对于特殊化的气体性和同样实在化了的中和性的感觉、对水的感觉，以及它们消解成的对立面的感觉，这就是嗅觉和味觉；3）纯粹本质性的、然而又是外在的同一性的感觉，即对火、光与颜色那种不属于有重物质的东西的感觉；以及 4）对于对立物体的主观实在性或其独立内在观念性表现的感觉，即听觉。

概念环节的三一性在这里之所以从数目上转化为五一性，是因为特殊性的环节或对立的环节在其总体性内本身是一种三一性，并且，动物有机过程是进行着分离的无机自然之还原为主体性的无限的统一性，但在这种统一性中，同时是它发展了的总体，而这一总体的各个环节因为它还是自然的主体性，所以是以特殊方式实存的。普遍性作为尚为内在的具体东西，作为带有其个体化的规定的重力，因而在被触觉的东西上具有自己的特殊意义，具有基础性的、普遍的意义，正因如此，这种意义也最好称为一般感觉。特殊性是对立，而这一对立是同一性和对立本身，因此，光的感觉属于特殊性，光是作为抽象的、但正以此本身是确定的、构成对立方面的同一性；此外还有对立本身之为对立的两种感觉，即对气和水的感觉，两者如其余感觉一样，是在它们所体现的特殊化和个体化之中。与个别性的感觉相应的是，把自己宣示为纯粹的、在自己内存在着的主体性的主体性，即声调。

§. 283.

β）同无机自然进行的实在性过程同样也开始于主体的感觉，即实在的外在性感觉，因而也就是否定的感觉，主体的感觉，或者说，开始于欠缺的感觉和扬弃这种欠缺的本能冲动，这种冲动是从外部被引起兴奋的条件，而那种主体同时是对自身的肯定的关联，并是其针对对主体的那种否定的确信。

只有一个有生命的东西才会感觉到欠缺，因为在自然中只有有生命的东西才是那种它本身与它特定对立物的统一性的概念。因此，有生命的东西才是主体。当有一种局限存在，它之为一种否定，就只是对一个第三者，即对一种外在的反思。但欠缺之是局限，是就同一个东西内同样现成有越之而出的存在而言，是就矛盾本身已设定起来。这样一种有能力在自己内具有它本身的矛盾，并经受这种矛盾的东西，乃是主体，而这点构成它的无限性。当其在谈论有限的理性时，那理性就由此正好证明它是无限的，因为它是把自己规定为有限的。原因在于否定之为有限性，之为欠缺，仅仅是对于那种其是有限性的被扬弃存在、其是无限的自身关系的东西而言。但无思想性的做法却停留在局限的抽象；概念本身在生命中进入实存，在生命这里它也同样不理解概念，而只是坚持冲动、才能、需要等等一类表象的规定。对于有机过程，现已用由外在力能引起兴奋这个规定取代外在原因的影响作用，这在真实表现有机过程中是一个重要步骤。这里唯心论的发端在于，同有生命东西发生一种肯定关联的可能，如不是自在自为地从其本身来规定生命东西，即是说，它不是通过概念来规定，从而对主体完全会是内寓性的，则一般地就没有什么东西能够有这种关联。但是把那类形式的和质料的关系引入兴奋理论，如同任何关于反映规定的科学杂烩一样，是种非哲学的做法，不管它们被当作哲学的已然多么久。例如感受能力与作用能力的整个抽象对立，据说它们作为两种因素在量上互成反比关系，这样一来，一切须依有机过程来把握的区别就都归于单纯量的差异、关于增多与减少、加强与削弱的形式主义，也就是说，归于最大可能的无概念想法。有种建筑在这类枯燥知性规定之上的医学理论，它是用半打命题就算完成了的，其曾得以迅速传播和找到许多信从者，那是不足为奇的。不久前，大家开始与哲学为友，导致哲学陷入那种迷误的机缘在于一种根本谬误，即在绝对物被规定为主观东西与客观东西的绝对无差别之后，随之一切规定都应该仅仅是一种量的区别了。然而绝对的形式，概念，以及生命性，毋宁是以质的差别，以在其自身吞灭自己的差别为自己的灵魂。因为这一真实无限的否定性不曾得到认识，所以人们以为不使区别成为反思的一种单纯外在的区别，就不能掌握生命的绝对同一性，就像在斯宾诺莎那里偶性和模态是以一种外在的知性出现的那样。这样一来，生命就缺乏自我性的飞跃点，缺乏自我运动的原则，缺乏它本身的分离，一般地就缺乏个别性了。此外，意欲给形式的规定赋予某种实在性意义，且竟用碳与氮、氧与氢来取代概念规定，并把先时的强度区别现在规定为这一原素或那一原素较多或较少，而把外在刺激有效和肯定的关系规定为补充所缺的某种原素，这种做法必须看作是完全非哲学的和粗陋的，例如认为患一种虚弱病或神经炎时似乎是氮在有机体内占了优势，因为据说化学分析表明脑和神经的主要构成成分是氮，这时，这些有机组织一般就是升高了的氮，以此指明要补充碳，以便恢复这些原素的平衡，即健康。正是出于这种理由，那些以经验方式已表明对治疗神经炎有效的药物，便被看作是属于碳方面的，而这样一种肤浅的拼凑和臆断便被渲染为构造和证明。其粗夯之处在于，这一明显的 **caput mortuum**［骷髅］，这一化学借以再次杀死一个已死生命的死的元素，被当作是一种活的器官的本质，甚至被当作一个活器官的概念。这后一方面随之奠定一种极为舒适的形式主义，不是运用概念规定，而是运用化学原素之类的感性质料，另外运用属于无机自然领域的一些关系，如磁的南北极性或者磁本身与电这一环节的区别，而且把这样一种现成的东西南北极性的图式，或者随便其他这类东西，外在地黏贴到自然宇宙表现出的区别与领域，用这种方式来理解和展现宇宙。在这方面各种形式的一种巨大的多样性是可能的，因为把总体的各个规定拿

来用于这种图式，例如像它们在化学领域显现的那样，把氧和氢等等拿来，并把它们搬用于磁、机械性、植物和动物性等等，或者反过来把磁、电、雌性东西和雄性东西、收缩和扩张等等，一般地抓到其他每一领域的对立，并把它们用于其余领域，这全都一直是随心所好的事。|

§.284.

需要和兴奋同普遍机械性与特殊机械性的关系相关（睡眠与醒），同与气的过程相关（呼吸过程与皮肤过程），同与水的过程相关（渴），也同个体化的土、即土的特殊形成物相关（饥饿，§276）。生命，总体这些环节的主体，与作为概念的自身之间具有紧张关系，与作为对它是外在的实在性的各环节也具有紧张关系，并且是一种持续的冲突，它在这种冲突中克服这一外在性。因为动物作为本质上个别的东西只能在个别的东西内如此，它的这种客观化就是不符合它的概念的，因而从需要的满足又持续地回到需要状况。

§.285.

对外在客体作机械性获取只是使外在客体和动物有生命东西结合的开端。既然动物生命物是一种主体，故而是点状的"一"这种单纯的否定性，那么同化就既不可能是机械本性的，同样也不可能是化学本性的，因为在这些过程中，无论是原料，还是条件与活动，都还是彼此相对而外在的，并且缺少有生命的绝对的统一性。

§.286.

因为有生命的东西是支配它的外在的、与它对立的自然的普遍性力量，所以同化第一就是接纳到体内的东西与动物性的直接的汇合，是通过动物性形成的一种感染和一种单纯的改变（§.279.）。第二，由于有生命东西的力量是通过中介进行的自我关联，所以同化也就是消化，是主体同它的直接的同化对立，以致主体作为否定的东西自己兴奋起来对付它，而作为对立的过程，动物水的过程（胃液、胰液和一般动物淋巴的过程）和动物火的过程（胆的过程，在胆内有机体的返归己内的存在，是从它自己在脾内具有的收缩状态开始，被规定达到自为存在和能动的消耗）也出现了。

§. 287.

动物的这种兴奋活动首先针对着外在的力能，而这种力能也已通过感染（§. 278.）直接被移于有机体这一边。但是，那样一种兴奋作为对立面、作为过程的同生命普遍性与单纯自身关联相对立的自为存在，同样也具有外在性的规定。因此，当两者一起首先在主体方面作为手段出现时，就真正构成了同有机体相对立的客体，和有机体必须加以克服和消化的否定物。

§. 288.

情况的这种倒转是有机体在它自己之内的反映，是它自己的否定性的否定或它指向外部的活动的否定。有机体在这一过程中达到的个别性，作为自然性的存在就与有机体的普遍性以分离方式联结在一起，以致有机体一方面向外排斥第一个否定，排斥客体的外在性和它自己的活动，另一方面又作为直接与它这一否定同一的，在这一媒介中已再生自己。这样，向外进行的过程此时就已变为和转化成从自己再生的最初的形式性过程。|

消化中的主要环节是生命的直接作用。生命是作为支配它的无机客体的力量，它把自己与这种客体对立起来，且只是将其假定为它的引起兴奋的刺激，而且，这也只是就它自在地与客体是同一的为限度。这种作用是感染和直接改变。斯巴兰让尼的试验和其他一些试验，以及近来的生理学，也已经用经验方式证明并按照概念指明了这种直接性，通过这种直接性，有生命的东西作为普遍性东西，毋须借助进一步的中介，而通过自己单纯接触和把营养资料接纳到自己的热和一般范围，使自己延续在生命东西之中，这既与作为有关一种机械性的、被臆造为对己同质化的可用部分作的选取与分离相对立，也与那种被想象为化学过程的中介相对立。与此相反，对种种中介作用的研究并不曾得出这种改变上较为确定的环节（例如像植物性质料那里表现出的一系列发酵）。举例来说，相反地已表明的

却是，从胃开始有许多东西就会转化为大量液汁，而无须得经过此外的种种中介阶段；进一步说，胰液也无非是唾液，而也很可以少掉胰脏，等等。最后的产物，胸管接纳和注入血液的乳糜，是与每一个别的内脏及器官排出的淋巴同一的，这种淋巴是皮肤和淋巴系统在直接的改变过程中到处能够获得和到处给这种改变准备好了的。低等动物组织本来也不过是一种凝结为皮膜点或细管、如一种简单肠道的淋巴，它们并没有超出这一直接的改变。在较高等的动物中，有中介的消化过程就其独特的产物来看，也正是一种多余之举，正如在植物那里它们以所谓的性别为中介的受精生殖一样。特别是在儿童那里，质料性增长在他们那里算是最突出的，但 **faeces**［粪便］却表明绝大部分营养资料常常未被改变，首先是与动物性因素，与胆汁、磷等类的东西混在一起，而作为有机体的主要作用，这表明它在克服和排除它自己的这种生产。因此有机体的推理不是外在合目的性的推理，因为有机体并不止于把它的活动与形式指向外在的客体，而是指向一种过程，这种过程由于其外在性而准备变成机械性的和化学的，并使自身变成客体；同时既然有机体是自然，在它于其内与它自己本身并行中是一种选言性的活动，这种活动从自身排除这一过程，使之抽脱有机体对客体的狂怒，抽脱这种片面的主观性，以此有机体自在地所是的就变成自为的东西，即有机体的概念与其实在性的同一性，这样，它就发现它的终点和产物是它从开端原本就已是的东西。因此，满足是合乎理性的。这一向外在差别行进的过程现在骤转为有机体同它自己的过程，于是结果就并非单纯带来一种手段，而是带来目的。|

§. 289.

通过与外在自然进行的过程，动物作为个别性的个体，为它的自身确信，为它的主观概念，提供了真理性、客观性，并且，它既是作为自我保存而又是它的产生，或作为它始初概念产生的再生。这样一来，这一概念就和它自己本身结合起来，并是作为具体普遍的东西，作为类属。寻找自身的个别性在类属中的分离是性别，即主体与一个客体的关联，而该客体本身也是这样一个主体。

§. 290.

这种关联是本能冲动。个别性东西本身是不符合于它的类属的，这种符合性还属于一种外在的反映。个体在其类属的限制内同时是类属在整一统一性内同一性的自身关联。个体因此具有对这一欠缺的感觉，并处于性的自然的差别之内。

§. 291.

3）如同在无机东西之内的化学性一样，类属过程以作为诸个体本质的普遍性概念为普遍性极项，这一本质与个体个别性现实的非符合性的紧张关系，推使各个个体每一方只在自己类属的对方那里取得自己的自我感觉，并通过结合使自己与对方融合，而通过这一中介，具体普遍的东西就被与自己环接起来，并给自己以个别的现实性。

§. 292.

这一产物是否定的同一性，这种同一性是已形成的类属，是一种无性别的生命。但是按照自然的方面，它仅仅自在地是这种类属，并且与那些已沉落于这种产物的个别性方面相对立而分离开来，因而它本身是一种个别性的东西，这一个别东西在自己内具有同样的差别和可逝性规定。然而，在这种新的生命中，个别性是被扬弃了的，在它之内同时肯定地保持着同一的主体性，而且在主体性这种向自身内的回归中，类属本身也已自为地进入实在性，而一种比自然更高的东西就生成了。

§. 293.

动物不同的形态组织和种类次序以普遍的、由概念规定的动物的类型为基础，自然一面在动物从最简单组织开始直到最完善组织——在其中自然是精神的工具——发展的不同阶段，一面在元素自然的不同状况和条件下表现出这种类型。

　　动物的概念以概念本身为它的本质，因为动物是生命的理念的现实性。概念的普遍性具有的自然本性，使概念可能具有一种较简单的和较发展的定在，以及一种同它较为相应或者较不相应的定在。因此，从定在出发，概念是不能在其规定性内被加以理解的。概念在一些门类内发展，并通过被完全地表现于自己的各环节而出现，这些门类对于其余门类显现为一种特殊的定在，并且在这些门类中概念也能够具有一种坏的定在。但是，定在是否是坏的，对此所作的判断已经是以概念为前提了。如果像惯常那样，为了从定在来认识动物自然本性及其种种重要规定，或认识某一门类本质性的官能，已把定在作为前提，那么在这条经验主义的道路上，事情就将达不到确然的规定，而一切属性也会显得自己是能够阙如的。例如无头的动物曾被引为实例，用来说明人类似乎也能够没有大脑而活着。在动物学中，如同在一般自然科学一样，更多关心的曾经是给主观的认识找出确实而单纯的特征。只有在人们认识动物时不再只盯着这类所谓人工系统的目的以来，才揭开一种更大的见地，在经验科学当中，确实难能有一种科学，它像动物学那样，通过它的辅助科学即比较解剖学在近时期已达到如此大的扩展，它主要不是借助大量的观察，因为没有一门科学在这个方面是匮乏的，而是从另一个方面出发，即它的材料是针对合理性来加工自己的。一方面在个别性的形态组织上，习性作为一种决定一切部分构造的联系，已被当作主要的事情，以致这门科学的大奠基人居维叶能够自豪地说，可以从一种个别性骨骼认识整个动物的本质的自然本性。另一方面，人们也通过相异的、尚还如此不完善的和显得乖离的形态组织追寻动物的普遍类型，并从几乎未曾开始的前兆以及器官与功能的混成状态来认识这些形态组织的意义，正以此从特殊性出发并经由特殊性，那种普遍类型就已被提高到它的普遍性。这种考察的一个主要方面是认识自然如何使这种有机体建造于它将其投入的特殊元素、气候和营养范围，一般地说，建造于有机体在其中繁生的世界（它也可以是一种个别性的植物类属或其他动物类属），并使之顺应它们。生命理念的直接性在于，尽管只有概念才是自在而自为地得到规定的东西，但它在生命中却并非作为这样的东西实存着，它的定在自身因此服从于外在自然的种种条件与状况，并也可能显现于一些最贫乏的形式，地球的可孕育性则使这种定在遍处出现。出于这一层原因，动物界与其他自然领域相比，几乎更少能表现出一种在自己内独立的、合乎理性的组织系统，几乎更少坚持那些当该由概念来规定的形式，并使之在不完善的条件及其混合状态面前免于混杂化、凋落和转化。概念在动物当中不是在自己稳定而独立的自由内实存，概念的这种弱点也使持存的类属完全服从外在普遍的自然生命的变化，动物共同经历这种生命的变迁更易，而且这种生命在其个别性实存中是作为与个别动物对立的一种持续的暴力状态，因此，动物生命一般地表明自己是作为一种有病的东西，同样，它的感觉也是作为一种不安定的、充满畏惧的和不幸的感觉。

§. 294.

个别的有机体由于它的定在的外在性，也可以变得与它的规定不相应。当它的一个系统或器官在与一种无机的力能冲突中受刺激兴奋起来，自为地固定自己并在自己特殊的活动中坚持与整体活动对立，使整体的流动性与贯通于一切环节的过程由此受到妨碍时，它就处在疾病状态。|

§. 295.

因此，疾病的独特现象是，整体有机概念的同一性作为生命运动的连续行程，通过这一概念不同的环节，即感受性、应激性和再生性，把自己表现为发烧，而发烧与个别化了的活动相对立，作为总体的行程同样是治愈的尝试和开始。

§. 296.

药物刺激有机体去消除那种无机的力能，由于这种力能，个别器官或系统的活动才陷于紊乱，并以此而个别化。不过，这本质上是扬弃整体的形式活动已被固定于其中的那种兴奋状态，并恢复遍及整体的流动性。药物发挥这一作用是由于药物是一种刺激，但却又是一种更难以同化和克服的刺激，对待这样的刺激，有机体不能不拿出自己全部的力量。当有机体以这种方式指向一种外在的东西时，它就摆脱了那种已与它变为同一的、它曾束缚于其中的局制性。

一般而言，医药必须看作是一种不易消化的东西。但是，关于不易消化性的规定只是相对的，可也不像人们通常理解它那样在不确定的意义上如此，按照这种意义，较弱的体质能够承受的东西才叫做容易消化的。这样一种容易消化的东西对于较强的个体性而言，毋宁说是不易消化的。真正的相对性，在生命中具有自己现实性的那种概念的相对性，从在这里有效的量的方面来说是一种还要更高的同质性，如果对立是更高和更独立的话；这种对立的最高质的形式在生命中已表明自己是性关系，在这种关系内，独立的个体性彼此是作为有同一性的。对于较低等的、在自己内未达到什么差别的动物形态组织来说，如同对于植物一样，没有个体性的中性物、水，是易消化的东西。同理，对于儿童来说，易消化的东西部分是完全同质的动物淋巴，即母乳，这是一种已经得到消化，或者毋宁说只是已一般和直接地改变为动物性、而在其本身并未进一步分化的东西，部分说来，它也是有差别的实体中那些类还极少成熟为个体性的东西。相反，这类性质的实体对于强壮的体魄来说则是不易消化的，对于这种体魄动物性的实体作为个体化了的东西反而是更加容易消化的，或者是那种通过光成熟为更强自我的、因而也被称为酒性的植物液汁，而不像那些例如还处于单纯中性颜色之内并更近于独特化学性的植物产物。那些实体由于它们更大强度的自我性造成了一种愈为强烈的对立，而正以此它们也是更为同质性的刺激。在这种情形下，医药总的来说是否定的刺激，是毒性之物，一种刺激性的东西，同时又是不易消化之物，恰如在疾病中异化的有机体具有一种冲动，使自己针对一种对它是异己的东西，并以此重新达到对它个体性的自我感觉。当布朗的思想要作为医学的完整系统以及对疾病与药效的规定，将前者限于亢进和虚弱，细一点说，还限于直接虚弱与间接虚弱，而将后者限于加强和减轻，甚至把两者限于碳和氮以及还有氧和氢，或者磁、电和化学环节，及诸如此类想使其具有自然哲学性的公式，那它的确已就是一种空洞的形式主义，然而，它也终究取得了两种重要的结果：第一，通过它，无论在疾病方面还是在药物方面，对单纯局部与特殊东西的看法扩展了，并且，这类东西中普遍的东西应当说也已被认识为本质性的东西；第二，无论通过它与先前整个更多重虚弱和虚弱化方式的对立，还是通过它后来那些有成果的转化，它都表明有机体对于最富有对立性的治疗方式不是以一种那么对立的方式作出反应的，而是常常以一种至少在最终结果上等同的、因而是普遍性的方式作出反应的，并证明自己单纯的自身同一性与自己处于特殊刺激中的各个个别性系统的一种局部限制相对立，乃是自己真正的本质。

§. 297.

但是，动物个体对其概念所具有的个别的非适合性的克服和消失，并不消除那种普遍的非适合性，它之所以具有这种非适合性，是由于它的理念是直接的理念，或者说是由于动物是处于自然之内，它的主体性自在地是概念，但非本身自为地是概念，而且只是作为直接的个体性实存着。因此那种内在的普遍性与这一现实性对立，是一种否定的力量，动物从这一力量经受到强力，并衰亡下去，因为它的定在不是本身在自己内具有那种普遍性。|

§. 298.

这一否定的普遍东西作为抽象的东西，是一种外在的现实性，这种现实性对动物施行机械的强力，并把它摧毁。作为动物自己具体的普遍性，那种现实性是类属；在类属过程中有生命的东西一方面使它有差别的个别性在交配过程中没落，但另一方面，它与那种普遍性的非适合性，乃是它的本原性的疾病和与生俱有的死亡种子，当它把自己的个别性内构于这一普遍性时，它就直接地扬弃那种非适合性，但是因为这一普遍性是直接的，以此它也只是达到一种抽象的客观性，于是活动变得迟钝起来，变得僵化起来，并以此从自己之内使自身死亡。

§. 299.

然而有生命东西的主体性同样在本质上自在地与具体的普遍物、与类属是同一的，因此，它与类属的同一性只是个体性具有的形式性对立、即直接性和普遍性间对立的扬弃。进而来讲，由于这一主体性在生命的理念中是概念，所以它自在地是现实性绝对的己内存在，通过上面指出的对它的直接性的扬弃，它也已经与自己本身绝对地结合起来，而自然的最终的己外存在也得到了扬弃。以此，自然就转化到它的真理性，转化到概念的主体性，这种主体性的客体性本身是个别性被扬弃的直接性，是具体的普遍性，是以概念为其定在的概念，这就是精神。|

C.

精 神 哲 学.

C.

精 神 哲 学.

§. 300.

对于我们，精神以自然为它的前提，它是自然的真理性。在这种真理性中，自然在精神的概念面前消失了，而精神则作为理念产生了自己，理念的客体同主体一样，都是概念。这种同一性是绝对的否定性，因为在自然中概念具有自己完善的外在的客观性，但是，概念已经扬弃了自己的这种外化，它并在这种外化中自己已变得与自己同一。所以概念之为这种同一性，只是作为从自然回归。

§. 301.

因此，精神的本质是自由，是概念的绝对的否定性与自己的同一性。精神能够抽离一切外在的东西和它自己的外在性，抽离它的存在，也能够承受它的个体直接性的否定，承受无限的痛苦，就是说，在这种否定性中能够自为地是同一的。这样一种能力是它的自我性的自在存在，它的单纯的概念或绝对的普遍性本身。

§. 302.

但是这一普遍性也是精神的定在。作为在使自己特殊化的和在这种规定性中的自身同一性，概念是普遍性的东西。精神的自然本性因此是显示。精神不是与它的外在性对立的一种在自己内的规定性，以致它不是启示某种东西，而应当说它的规定性和内容就是这种启示本身。它的可能性因此直接是无限的、绝对的现实性。

§. 303.

启示就是设定精神的客观性，这在抽象的理念中作为直接的转化，是自然的生成。但是精神是自由的，启示作为精神的启示，是设定作为精神的世界的自然。这即这样的一种设定，这种设定作为反映，同时也假定作为独立的自然的世界。但是，真正的启示，概念中的启示，是创造自然作为精神的存在，在这种存在中，精神具有自己自由的肯定性和真理性。

绝对的东西是精神，这是绝对东西的最高定义。寻求这一定义和理解它的内容，我们可以说这曾是全部教养和哲学的绝对倾向，一切宗教和科学都曾极力达到这一点，唯有从这点出发世界史才能得到理解。但是精神的本质是概念。精神的道言和表象是早就找到的，而且基督教的内容就是把上帝启示为精神。在其自己的元素、在概念中把握这里已给予表象的东西和自在地是本质的东西，是哲学的课题，只要概念和自由不是哲学的对象和它的灵魂，这一课题就不是真正地和内寓地被解决的。|

§. 304.

这一理念是精神的概念，或者说，精神作为普遍的东西自在地是如此。但是精神之完全只是精神，是就它自为地是概念，或作为个别性是概念而言，而它本质上是自为的，只有当它把自己特殊化，把它的概念作为前提，并使自己与之作为它的直接性关联起来。这种直接性作为精神的存在是自然，因而这种存在是精神的开端。

§. 305.

这一开端是精神的具体概念的第一个环节，这一概念在其总体性内 a) 在自身内包括着主观精神；b) 作为客观精神，精神实现着这一概念；c) 作为绝对精神，精神对于自己是它的概念和它的客观性的统一性。

§.306.

精神学说的头两部分致力于有限的精神。精神是无限的理念，而有限性具有其概念与实在不相适合性这种意义，这是由于它的一种规定：它是精神之内的一种映现，即这样一种映现：精神给自身把这种映象设定为一种限界，以便通过扬弃这一限界自为地取得和认知作为它的本质的自由。精神活动的各个相异的阶段就是它自由解放的阶段，在这种解放的绝对真理性内，现逢精神的世界作为一个假定了的世界，创生精神的世界为一个由它设定的东西，并从这一世界那里自由解放，这都是同一件事情。

有限性的规定被知性首先从精神和理性方面固定下来，承认这种谦逊的观点，把它确立为一种最终的观点，和反过来把想要超出这一观点当作思维的一种狂妄态度，甚至是思维的一种疯狂行为，这都不仅须是一种知解的事情，而且也是一种道德与宗教性的功业。但是，坚持这样一种把有限东西弄成绝对东西的思维的谦逊精神，使认识中最无根据的认识止于非真理性之内，倒毋宁说是德行之中最坏的德行。有限性的规定现已不是仅仅在这里和别处（参见 §.15.、§.34.、§.44.及以下，等等）作了阐述和讨论，而应当说是逻辑之于有限性的单纯的思想形式，恰如其余哲学之于有限性的具体形式一样，只是在指明一点：有限的东西不是存在，而完全只是一种转化。因此，关于理性与精神，极少可以说它们是有限存在。说有诸多有限精神，这是表象的说法，这种表象止于直接现象与其所意谓东西的非真理性，即止于抽象的知性通过抽象普遍性的形式或同一性加以固定化的那种存在。但是，有限的精神如同任何其他某种有限的东西一样，很少是存在，很少作为存在本身，而且相比而言是无限地更少如此，因为其他有限东西完成自己的消逝是通过　种他物达成的，但精神、概念和永恒的东西，本身却正是自己完成这种使无谓的东西无谓化，使乌有之物化乌有的活动。反之，上述那种谦逊精神不仅是这种乌有虚浮本身，而是更过分的乌有虚浮，是坚持乌有虚浮来反对真理的东西。这种虚浮乌有将在处于其发展中的精神本身那里，作为精神向自身的最高深化和最内在的转折点，作为恶产生自己。|

第一部分．
主观精神．

§. 307.

就精神是在它的概念内来说，精神可以被称为是主观的。由于概念是它的普遍性从它的特殊化中在它自己内进行的反映，所以主观的精神 a）是直接的精神，自然精神，即通常所谓的人类学的对象或灵魂；b）作为向自己内和向对方中的同一性反映、作为关系或特殊化的精神，这就是意识，即精神现象学的对象；c）自为存在着的精神，或者说作为主体的精神，即是原来所谓的心理学的对象。在灵魂中意识觉醒起来；意识把它自己设定为理性，而主观的理性通过自己的活动使自己自由解放，达为客观性。

A.
灵魂．

§. 308.

精神作为自然的真理已生成，自然自身迻译为精神并在其中扬弃了自己。但是在概念中的生成却不仅仅是向他物内的反映，这种反映又是向自己内反映，而乃是自由的判断。因此，已生成的精神具有这样的含义：自然在自己本身作为非真理性的东西扬弃自己，而精神设定自己为前提，也不再是作为那种尚在肉体个别性之内、于己外存在着的直接性，而是作为普遍性的和在其具体化中单纯的直接性；在这种直接性中，精神是灵魂。

§. 309.

灵魂不仅仅自为地是非物质性的，而是自然的普遍的非物质性，以及自然单纯的观念性生命。作为在自己内存在的主体性和肉体性的直接同一性，灵魂是绝对的实体，而这样的同一性作为普遍的本质，依然是它的特殊化与个别化的绝对基础，但是在这种抽象规定内只是精神的睡眠状态。

只有当一方面把物质想象为一种真理的东西，另一方面又把精神想象为一种事物，关于灵魂非物质性的问题才仍然能够具有一种意趣。但是，甚至物理学家们在近些时期也来谈论作为热、光等等一类的无重的原素了，其实他们似乎能够轻易地就把空间和时间也算进来。然而这些无重的东西另外也还有一种感性的定在，有一种己外存在。人们可以发现生命物质也被列入那个范围之中，但这种物质不只缺少重，而且也缺少其他每种定在，依这类定在它似乎还可以算入物质性东西。实际上，在生命的理念中自然的己外存在已经是自在地被扬弃了的，并且概念是生命的实体。但精神的实存并不是作为直接个别性的个别性，而是作为绝对否定性，是自由，在精神中，在概念中，那种己外存在已完全消失，化为概念的主观观念性，化为普遍性。与此有关的另一个问题是关于灵魂与肉体相通的问题。两者的相通过去已被认定为事实，因此问题仅仅在于，如何可以理解它？惯常的回答可以说是，它是一种不可理解的秘密。因为事实上如果两者被先假定为彼此绝对独立的东西，那么它们相互而言恰恰就是被认定为不可贯通的，正像每种物质与另一种物质对立起来被认定是不可贯通，并只是处于它们双方的非存在、处于它们的细孔之内的一样。但是，一切哲学家自这一关系成为问题以来所提供的回答，却不能看作是与上述回答同义的。笛卡尔、马勒伯朗士、斯宾诺莎、莱布尼茨曾无例外地把上帝陈述为这种关联，而且是在以下意义上的关联：有限的灵魂与物质不具有什么真理性，所以上帝并非单单是替换上述不可理解性的另一个语词，而毋宁说是灵魂与物质的真正的同一性。不过，这种同一性在这里还不能直接理解为上帝，因为它还不具有这一规定，而只方才具有自然精神的规定，或者说作为普遍灵魂的灵魂本身的规定。在这种灵魂中，物质作为一种单纯的思想或作为普遍的东西在自己的真理性内。然而，这种灵魂本身必不可丝毫再被作为世界灵魂给固定下来，因为它只是普遍性实体，这种实体只是作为个别性具有现实的真理性。

§. 310.

精神首先是这种直接向自然内沉入的存在，a）是在其自然规定性之内的灵魂；b）但灵魂却作为特殊的东西前来同它的这一无意识性发生对立；c）灵魂在作为它的肉体性的这种无意识性中是现实的。

a.
灵魂的自然规定性.

§. 311.

精神作为抽象的自然灵魂是单纯的恒星和地球的生命，是古人说的"奴斯"，即单纯的无意识的思想，而这种思想 α）作为这种普遍性的本质是内在的理念，并且仿佛在处于它背后的自然的外在性那里具有它的现实性。但是，正如它作为灵魂是直接性的实体，它的定在乃是这一实体自然存在的特殊化，是一种直接性的自然规定性，这一规定性在个体性的地球上具有自己先已假定的现实性。

§. 312.

自然精神的普遍行星生命在自己那里具有地球这一区别而作为直接的差异，因此自然精神分解为种种特殊的自然精神，它们以整体表现地理上各大洲的自然，并构成种族差异。

通过地球两极性的对立，陆地布局向北较为靠拢连属，并对海洋拥有优势，但朝向南半球却分离开来，彼此走成尖状，这种对立同时给各大洲的区别带来了已由特雷维拉奴斯从动物和植物方面所指出的一种变形（生物学，第Ⅱ部分）。

§.313.

这一区别可出显成自然的偶然性，可出显成人们可称为地方精神的种种局部性状，并且在外在生活方式、生计、身体构造和素质方面这些性状会把自己显示出来，而尤为更多的是从内在倾向及理智与伦理性格的禀赋方面显示出来。

§.314.

灵魂如同一般自在的概念那样，把自己个别化为个体性的主体。但这种主体性在这里只是作为自然规定性的个别化来加以考虑，它是作为不同气质、性格、面相的以及家族或单个个体其他素质的模式。

§.315.

β）直接的判断是个别灵魂的觉醒，这种觉醒是与首先作为自然规定性的、灵魂的无意识自然生活相对立而出现的，并作为一种状态与一种状态，即睡眠相对立而出现。个别性的这一转化与个体性的普遍身体，即地球相互联系着。

§.316.

醒并不［单单］是对我们、或者是外在地同睡眠相区别，而应该说醒本身是个体灵魂的判断，因而是这种灵魂自身同自己未被区别的普遍性相互区别。一般地说，精神的一切自我意识的和理性的活动都属于觉醒存在。睡眠之是赋予这种活动以力量，并非是作为这种活动的静止（把有生命的活动看作力，宁可说它是沉睡在自己缺乏表现的状态），而是作为从种种规定性的世界、消遣娱乐和从囿于琐事，向主体性的普遍本质的回归，这种主体性是绝对的力量。|

§.317.

但是就个体的整体存在是一种觉醒存在而言，个体的特殊化是年龄的自然行程。

§. 318.

γ）作为灵魂在自己内的反映，现实的个别性是它在封闭的、有机的肉体性内的觉醒的自为存在，是自在自为地被规定的、是尚且与躯体性同一的自我感觉，是外在的与内在的感受。

普遍的灵魂走向还仍是直接的个别性的进程，一般而言是自然理念的进程，是从观念的普遍性向生命性的进程，这种生命性是有机的个体性。这种个体性除了它自在地在自己之内以内寓方式具有精神外，进而尚未具有什么意义，不外乎是精神个别性的和自然性的定在。但是精神因之也只还先是在外在的表象之内。因此像先前那样，有关觉醒存在作为精神的一种特殊的觉醒存在，以及年龄在精神发展独特意义上的行程方面所能更细地说到的，必须看作是被预示的或从表象中取来的。一般地说，个别性的精神与它的肉体性健全的同感共生属于前者在后者中的那种内在性的自然方面。为此所需要的不仅是上文（§. 282.）已考察过的感官的外在感觉，而且还需要直接象征化的更确定的感觉感受，以致颜色、气味、声音直接是愉快的或讨厌的，以更为普遍或更有特质的方式存在。对于内在的共感，这里所需要的是再生系统中的一般欲望，心胸、即应激系统所在地中的愤慨和勇气，以及头脑，即感受系统所在地中的再思与精神劳作能被感受得到。

b.
主观灵魂同其实体性的对立.

§. 319.

那种首先直接地在其实体同一性中生活的灵魂，在其个体性内是同自己的否定性的关联，是它的主体性同它的实体生命相对立进行分割，这种生命是不符合于灵魂的概念的。这种始初的在自己之内的反映同时也是向对方的反映，因此灵魂首先只是处于同它的自然规定性的关系之内。

§. 320.

α）主体处于同它的自然生命的抽象普遍性的关系之中；在这一判断中，灵魂诚然是主词，但它的宾词在这种普遍性关联内还是它的实体，它并且是一种无力的、单纯形式性的自为存在，是对它的普遍的自然生活的预感和梦想，是自然精神的感觉。

这一关系处在精神同自己作为灵魂分程的岔路口。精神本身作为被思维的东西，即作为纯粹与自己抽象的主体性、与我性同一的东西，以普遍的东西为自己的对象，而精神与此的关联本身就是这种思维。这一更高的实体性是自由，即一切直接性的纯粹否定性。但是普遍性灵魂的实体性是直接的、仅仅肯定的同一性，不是自我意识和现实性精神所纯粹具有的自由的同一性。因此现在这一非自由的阶段是自由的自我意识的一种降级，是一种病态，在其中，按照柏拉图的想法，灵魂作为预言式的东西沉回到肝，更确切地说，作为腹部的脑沉回到神经节，而一般的精神则沉回到自然精神。这种可以作为疾病的状态表现为个别一些个人身上的巫幻关系，在历史中构成从实体的精神性向自我意识和知性东西转化的一个阶段。种种预感、预言或梦具有的许多奇异方面以及其他之类，如梦游和动物磁，都或多或少属于一般的梦这个领域，在这一领域，精神在它的自然精神和它的理性的现实之间摇摆，并在这一比自我理解的和理性的自我意识更为巨大的自然广度上将自己更为普遍的联系带给表象。不过由于真正的普遍性，即思维的普遍性只是归于理性自我意识，那种到达表象的共感生活的广袤度完全限于一个局部性范围，而且这种灵魂所看到的和预感到的，也只是自己特殊的内在性，并不是普遍本质的内在性。同样，因为灵魂已从自己自由的普遍性降到特殊性，这一巫幻的范围也是一种受约束状态，一种依存性，一种眩惑。据说在人的一种原始状态中，自然与精神不是以外在直接性的方式，而是以规律和理念的形式位于人的内在直观之前，因此，这种关于人的原始状态的观念乃是一种空洞的假设，适如在由此解释的传统状况那里已日渐共同化为更大的贫乏性一样。在这种空洞假设那里，理念的普遍的自然本性，即它作为合乎理性的思想，并没有得到重视，而这种思想只是在其自由主体性内才属于精神。

§. 321.

β）但主观的灵魂本身会突破同它自然存在关系上的这种直接实体的同一性。但是，它的对立同时作为一种同一性，却乃是一种矛盾关系，是一种错乱状态。在这种状态中，由于有别的双方作为现实的东西是彼此对立的，肉体的现实就变成了灵魂的现实，反过来说也一样，灵魂就使它自己的现实成为肉体的现实。

这种关系是一般的疯狂状态。这里需要指出的是：1）这种关系如同巫幻关系一样，都是单纯观念性环节，是非真实的关系，因而只作为状态和作为精神的疾病具有定在。这恰如一切一般地有限的东西，尤其例如形式性判断与形式性推理，都是离开真理性的，只是客观概念的抽象自在存在的环节。因此，它们只具有一种强制性的定在，这种定在以一种破坏为基础，一种在此由知性引起的破坏，因为知性把具体的东西改变成了种种抽象，并且仅仅是这种抽象的现实。这样一来，这些现在出现的关系就只是在存在中自由的精神的观念性环节，唯有这种精神才是它们的真理。它们是个体性的灵魂，因为这种灵魂是处于直言判断与假言判断的关系之内，在自己区别自身的主体性内，依然从实体上与自己的实体发生关联，而且在这种关联中本质上也是矛盾，它的存在毋宁说并不是它的存在，而是它的对方的存在。2）精神在这一关系的阶段上是被规定为一种物，确切地说，被规定为灵魂所指的那种东西。在古人那里，思维与存在的对立还不曾达到这种现实性的规定，在他们那里灵魂曾具有精神性这一较不确定的意义。反之，在近期的观念与形而上学中，精神作为一般的灵魂，则变成了一种具有许多属性和带有许多力的物，这种物进而以幽灵和天使的形式固定下来，并作为一种感性的东西，甚至还装饰上了颜色。形而上学曾坚持物这一抽象规定，因而曾使自在而自为的灵魂屈从存在的规定，质与量的规定，以及有关个别性实体、原因等反映规定。在这里，有关灵魂所在地的问题，有关这一事物与另一事物、与肉体相通的问题曾经是饶有兴味的。使形而上学摆脱作为物的精神，从而摆脱灵魂，或者同样说，使精神摆脱这种形而上学和摆脱表象观念而得以自由，并用"我"去取而代之，这必须算作康德的一项功绩。谈论作为物的精神，只能在关系范围内，也就是说，只能在反映的阶段，在这里，精神虽然使它的直接实体或它的存在的普遍性分离，并规定自己与之相判别，规定自己作为主体，但还有围于这种存在，因而也还不曾达到它的真理性的现实。3）疯狂所表现的差异——发疯、发狂、狂暴、痴呆——是这样一些色彩层次：它们在自己彼此对立而具有的规定性上保有许多不确定的方面，就像它们本身与人们可以承认为一种健全理智状态相对立所表现出来的一样。尽管它们的判别对于这些疾病的治疗是很重要的，但如果想首先从它们当中汲取人的知识，这本身就是一种颠倒了，就像想首先从人的罪行和其他丑贱及堕落行为汲取它一样。认识那些迷误，事实上毋宁应以概念为前提，也就是说，以人应当是什么为前提。此外在所有那些形式中，疾病与其须看作是丧失理智，不如看作是疯狂意味着的东西，看作矛盾的绝对不幸，即那是主观东西与客观东西的自由同一性的精神，在它的我性中不是作为绝对的观念性，而是作为现实的物实存的，而客观的东西也正好与它对立起来实存，可它却同时又是它们的纯粹的同一性。于是，精神成了必然性的关系，或有限的交互作用的关系，直接混淆和颠倒的关系。把命运纯粹地理解为盲目的命运，即理解为与概念对立的绝对异己性，而作为这样的东西同时把它理解成终归是与自身同一的，在"一"之内把它认作它的东西和非它的东西，这就是疯狂。心散可以看作是疯狂的开始，精神在这里是在自己之内，在它的肉体性内则全然不具有现在，由于心散状态终归还是在它之内，它就把它的肉体性颠倒为它的特殊的现实，反之亦然。最高的阶段是恶意，这时自我性的单一性，即任意性，在同客观理念对立的纯粹抽象内把自己固定为一种非流动的现实，把自己和纯粹的意志混淆起来。精神心理治疗基于如下明见：疯狂无论从理智方面还是从意志方面，都不是丧失理性，而只是疯狂，因此治疗以把病人当作理性的东西为前提，并从这里取得自己能够理解病人的可靠支点。

§. 322.

γ）然而灵魂作为自为普遍性的概念是实体，是对另一现实性的统括力量和命运，这一现实性本质上是它自己的直接性。因此，它们在判断中的关系是扬弃这种直接性的形式，并把它设定为灵魂的形式。

§. 323.

因为灵魂是与这种肉体性的本原的同一性，并在其中具有它的实在性，所以，它对其进行的活动并不像对待一种外在客体那样持敌对姿态。对有机生命的一种损害和对肉体性的一种敌对的、毁坏性的处置，毋宁说会使肉体性成为一种对主体否定性的客体性，并以此使之成为一种威力和命运，而且推掉精神的立足点。

§. 324.

毋宁说，灵魂对肉体的活动是设定它与它的肉体性自在地存在着的同一性，这只是扬弃这种统一性的直接性形式，并作为普遍渗透的灵魂在它的肉体内成为自为的，在作为宾词的这种肉体内作为主词。|

§. 325.

这样灵魂就向它从自然获得的躯体（§. 318.）内形成自己。通过重复由它的目的规定的行动，通过归纳，它在那个直接的存在内产生它的普遍性。以此，一方面，它在这种存在中内化自己，以致它与这种存在的这种同一性是由它来规定的，是它与它自己的主观统一性，另一方面，它在那种存在内具有存在；即具有这样一种存在：这种存在作为灵魂的、普遍性的存在是习惯，是特定的习惯，是熟练。作为这种由灵魂完全铸造成的工具，灵魂支配着躯体。

C.
灵魂的现实性.

§. 326.

灵魂在它完全铸造成的肉体性内是作为个别性主词，而这种肉体性是作为这一主词的宾词的外在性，这一主词在其中仅仅使自己与自己关联。所以这种外在性不是表现自己，而是表现灵魂，并是灵魂的标志。作为外在东西与内在东西的这种同一性，灵魂是现实性的，并只在它的肉体性上具有它的自由形态，以及人类的、病征学和面相学的表现。

举例言之，属于前一表现的有一般的直立形态，特别有作为绝对工具的手的发展，口的发展，笑与哭等等，以及灌注于整体的精神情调，它把身体直接宣示为一种更高自然的外在性。这种情调是一种非常虚灵的、不确定的和不可言说的变形，因为精神与它的外在性相同一则就是普遍性东西，因此在其中同样是自由的。不过，这种普遍性东西同时也具有不完善性，是一种直接而自然的东西，因而也是标志，它以此诚然表现出精神，但同时也把精神表现为一种他物，而不是像精神自为地本身作为普遍性东西那样。因此对于动物人的形态是最高的东西，正如精神对动物显示的那样。或者说，对于精神人的形态是精神的第一现象，因为人的形态是精神初始的、尚还沉于直接性领域的现实性。所以精神在它这一标志内全然是有限的精神和个别性的精神。这种标志诚然是精神的实存，但这种实存在其面相学和病征学的规定性内对于精神却是偶然的东西，想把面相学、尤其是头骨学提升为科学，这是能以有的最空虚的想头之一，如果说到从植物形态应能认识它们的治病效力，则那种空虚想法就比一纸 **signatura rerum**［图例表］还要空虚。

§. 327.

物质自在自为地在作为普遍灵魂的精神中不具有什么真理性；肉体性首先不是别的，而是直接性形式，因而这种肉体性对于精神形成于肉体性之内一般而言不能作出什么阻抗。通过存在向自己之内的这种始初的形成活动，精神由于它使自己与存在相对立，扬弃了存在，并把存在规定成了它的存在，也就失去了灵魂的意义，并就是我。

§. 328.

对精神直接性的扬弃已经产生自己，这种扬弃是始初的东西，因而直接性还是一个环节，但与精神那种无限性对立并在这种无限性之内被规定为对方。精神的这种无限性作为在它直接性内它本身同它自己的关联，是精神的一种更高的觉醒。精神在他在中与自身相联结，就被规定为个别性，这种个别性是自为的主体，并且自己决心作为这种否定性。这种主体在一种判断中是我，与一种作为外在于主体的世界的客体相对立，以致它反而在这一世界直接被反映于自己之内。这样的判断即是意识。

B.
意识.

§. 329.

意识构成精神的反映阶段或关系阶段，精神之作为现象的阶段。我是精神与它自己的无限的关联，但却是作为主观的关联，作为它本身的确信。作为这种绝对的否定性，这种关联是在其他在内的同一性；我是它本身，并统括客体，是关系的整一方面和整个的关系，是那种显示它自己并也显示对方的光。

§. 330.

但这种同一性仅是形式的同一性。那种作为灵魂存在于实体普遍性形式中的精神，那种存在于自身内的重力形式中的精神，作为主观的己内反映是与一种暗的东西相关联，并是意识，如同一般的关系那样，是各方独立性与其同一性的矛盾，在这种同一性内它们是被扬弃了的。

§. 331.

当客体在判断中从精神自身内的无限反映中释放出来，就会以这一无限的自身关联为它的本质，并与我的自为存在相对立，被规定为存在着的和给定的东西。|

§. 332.

既然我不是作为概念，而是作为形式的同一性，所以意识的辩证运动对于它就不是作为它的活动，而应当说是自在的，即对于它是客体的变化。因此，按照被给予的对象的差异，意识也相异地呈现为现象，而它的连续发展也显现为客体的一种连续发展，但是对它的必然性变化的考察，概念，却属于我们，因为概念作为这样的概念还是内在的。

我们可以最确定地这样来看待康德的哲学：它已把精神理解为意识，它所包含的完全只是现象学的规定，而不是精神哲学的规定。康德的哲学把我看作与一种处于彼岸的自在之物的关联，无论是理智，还是意志，都看作如此；如果说它从反映着的判断力概念那里确实谈到了精神的理念，谈到主体性—客体性，谈到一种直观的知性等等，同时也谈到了自然的理念，那么这种理念本身还是又被降成了一种现象，即降成一种主观的准则。莱因霍尔德以此已把这一哲学视为一种以表象能力立论的意识理论，这必须看作是对它的一种正确了解。费希特的哲学具有同一立场，非我仅仅是作为我的对象，仅仅是在意识内得到规定，它仍然是一种作为无限的推动，就是说，作为自在之物。因此两种哲学均表明它们并未达到概念，或像精神自在而自为地所是的那样达到精神，而只是像它与同一种他物的关联内所是的那样。|

§. 333.

作为意识的精神的目标是使它的这种现象与它的本质同一，是把它本身的确信提高到真理性。精神在意识中具有的那种实存本身是形式性的实存，或这类普遍性的实存。因为客体只是抽象地被规定为属于精神的，或者说精神在这种客体中只是在自己内作为抽象的我得到反映，所以这一实存就还有一种并非作为属于精神内容的内容。

§. 334.

将确信提高到真理的各个阶段是：a）精神是一般的意识，这种意识具有一种作为对象的对象；b）精神是自我意识，对于自我意识，我是对象；c）精神是意识与自我意识的统一性，即精神直观对象的内容作为它自己本身，并把它自己本身直观为自在而自为地得到规定的，这即是理性，精神的概念。

a.
意识本身.

§. 335.

1）意识首先是直接性的意识，它与对象的关联因而是对它自己的单纯的、未经中介的确信；对象本身被规定为存在着的对象，不过却是作为在自己内经过反映的，进而则是被规定为直接的个别性对象的。这就是感性的意识。

　　作为内容，各种感觉规定无论是内在的或外在的，而作为形式，无论时间的和空间的东西，诚然都是属于感性，但是后两者却从属于在其具体形式中的精神，从属于精神的感觉与直观。意识作为关系仅仅包含客体的与抽象的我本身发生关系的规定，因而只是包含最初的或直接的仅仅作为存在着的规定，并在把直接性规定规定为自在自为的时则包含着某物、实存着的物、个别性东西。那种本是在其具体之内的客体，与精神有关；我作为具体之我，是精神。连各种感觉规定也只由于直接性的形式而是感性的规定，它们的内容则能是完全另一本性。我在意识之内还是抽象的思维，因而在它的对象内也首先具有那些抽象的思维规定。空间的和时间的个别性是此处和此时，就像我在本人的精神现象学从第 25 页以下（班贝格 1807年．）规定感性意识的对象时曾说过的那样。从关系的同一性来了解对象，将更为本质一些，由于这种同一性，它才具有自己的规定，同样由于这种同一性，它才仅仅对于意识是作为外在的东西，而非自为地是外在的东西，或者本身是一种己外存在。这一他物通过精神的自由才能够获得这种自由。

§. 336.

作为某物，感性的东西变为一个他物。某物在自己内的反映、即事物，具有许多的属性，而个别性东西在自己的直接性之内具有多样性宾词。因此，感性的这种多的个别性东西就成为一种广的东西，即种种关联、反映规定和普遍性的一种多样性。既然对象是如此变化了的，于是感性的意识就变成了知觉活动。

§. 337.

2）那种超出感性的意识意欲在其真理性中接取对象，不是那作为单单直接性的对象，而是作为在自身内中介了的和在自身内反映了的。这样一来，对象便是感性规定和思想规定的一种联结。同样，意识在自己感性的态度内于这里同时也是己内反映，它与对象的同一性也不再是确信的抽象同一性，而是有规定的同一性，是一种知识活动。

康德哲学据以理解精神的下一个意识阶段是知觉活动，这种活动一般是我们通常的意识的观点，并且或多或少是各门科学的观点。在此是从种种个别性统觉或观察的感性确定性出发，这些确定性应当通过在它们的关联内考察它们，反映它们，而被提高为真理性，一般地通过它们按照知性规定同时成为某种普遍性东西，成为经验而达到这一点。

§. 338.

普遍性东西与个别性东西的这种连接乃是混合，因为个别性东西是作为根据的存在，但普遍性东西相反却是在自己内反映出来的。因此这种连接是多方面的矛盾，一般而言，也是感性统觉的那些应构成普遍性经验根据的个别性事物和那种毋宁说应是本质与根据的普遍性之间多方面的矛盾，以及构成事物独立性的事物本身的个别性与多样的属性之间的矛盾；这些属性毋宁说是自由摆脱这一否定的纽带和彼此保持自由的独立普遍的物质。|

§. 339.

知觉活动不是个别性客体与意识的普遍性的同一性，或客体本身的个别性与客体普遍性的同一性，而倒是矛盾。这种知觉活动的真理性因此在于，对象毋宁是现象，而它的己内反映则是一种与之相反而自为存在着的内在东西。知觉的客体已转化成一种对象，那一获得这种对象的意识，就是知性。

§. 340.

3）知觉的各种事物对于知性来说是现象，知性以之为对象的、现象的内在东西，一方面是这些现象的被扬弃的多样性，并以此也是抽象的同一性，但是另一方面，正因如此它也包含着多样性，不过却是将其作为内在的单纯的区别，这种区别在现象的变换中保持与自己同一。这种单纯的区别首先是现象的规律王国，是它的宁静的普遍性模像。

§. 341.

规律首先是那些普遍性的、常住的规定的关系，就它的区别乃是内在的区别而言，它在其本身就具有自己的必然性；这些规定中，一种规定只要不是外在地与另一种相区别，其本身就直接处在另一种规定内。而以这种方式，内在的区别就是它真实所是的东西，是在它本身的区别，或那种并非是区别的区别。

§. 342.

作为知性的意识，首先仅仅以抽象内在的东西为对象，继而以作为规律的普遍性区别为对象，于是便以概念为对象。不过，只要它还是意识，而对象对于它是一种给定的对象，它就会把对象直观为生命的东西，这是一种内在性，这种内在性是自在而自为地得到规定的普遍性，是真理性。

§. 343.

但就在生命的意识那里，自我意识的火花自己点燃起来，因为作为意识，自我意识具有一种对象作为与它有区别的一种东西，但是，这恰恰是在生命之内，以致区别并不是什么区别。意识的有生命的客体存在于其中的直接性，正是这一被降为现象或者降为否定的环节，这种否定现在作为内在的区别或者概念，与意识对立而是它自身的否定。

b.
自我意识.

§. 344.

意识的真理性是自我意识，并且自我意识是意识的根据，以致连一切对另一种对象的意识也同时是自我意识。自我意识的表达是我＝我。

§. 345.

但是以此自我意识还是没有实在性的，因为它本身是它的对象，却不是这样一种对象，因为它不具有什么区别。可是我，概念本身，却是判断具有的绝对的分离活动，以此，自我意识就是扬弃它的主体性和实现自己的冲动。

§. 346.

由于抽象的自我意识是直接性的东西，是对意识最初的否定，所以就其本身而言它是存在着的东西和感性具体的东西。因此，自我规定作为它的由它在它自己内所设定的环节，一方面是否定，另一方面又是作为一种外在的客体。或者说，那种作为它的对象的整体，是那一前行阶段，是意识，而它本身也依然是意识。

§. 347.

因此一般而言，自我意识的冲动在于扬弃它的主体性，进一步说，在于给关于它自身的抽象知识提供内容和客体性，反对来说，就是使它自己摆脱自己的感性，扬弃作为给定的那种客体性，将之设定为与其自己是同一性的，或者说使它的意识成为与它的自我意识等同的。这两方面是同个东西。

§. 348.

1）自我意识在它的直接性内是个别性的东西和欲望，是它的抽象或者它的直接性对我 = 我，对概念的矛盾；它的这种抽象应当是客观的，它的这种直接性应当是主观的，而这里的概念则自在地是理念，是自我意识本身与实在性的统一性。自我意识的直接性被规定为有待扬弃的东西，它同时具有一种外在客体的形态，依据这一形态，自我意识是意识。但客体作为自在地无足道的东西，被规定为与从扬弃意识而出现的自我意识本身的确信相应，因此自我意识自在地对它自己而言存在于对象之内，这种对象就这一方式而言是符合于冲动的，而在作为我自己具有的活动的否定性内，那种同一性变成了为自我意识的了。

§. 349.

对象对那一活动不能进行阻抗，因为对象自在地和对于自我意识而言是无自我的东西。那种是它的自然本性的、扬弃它自己的辩证法，在这里是作为那种被我由此同时直观为外在活动的活动，在其中给定的客体变成主观的，恰如主体性也外化自己、并对自己变为客观的一样。

§. 350.

这一过程的产物是，我在这一实在性中把它自己与它自己本身联结起来，但是，在这种回归中首先只是作为个别性的东西给自己以定在，因为我只是否定地使它自己与无自我的客体相关联，而这种客体也只是被耗灭掉，欲望因而在自己的满足中一般是破坏性的和自利的。

§. 351.

但是，自我意识在直接的对象内自在地已具有自己的确信，因而这种在满足中对自我意识形成的自我感觉并不是它的自为存在的或仅仅它的个别性的抽象自我感觉，而是一种客观的东西。欲望的满足是自我意识自己的直接性的扬弃，因而是它的直接性分离为对一种自由客体的意识，在这种客体中，我作为我具有对它的知识。

§. 352.

2）于是，一个自我意识就为另一自我意识存在，起初是直接地如此，是作为一个他方为另一他方。我在我中直接地直观我本身，但在其中也直观一种直接定在的、作为我绝对独立的另一客体。我仅仅是作为直接定在的否定性而是我，这一矛盾给出承认的过程。|

§. 353.

承认的过程是一种斗争，因为只要他方对于我是一个直接另一种的定在，我就不可能在他方中把我认知为我本身。因此我的目标是扬弃这种直接性。但是这一直接性却同时是自我意识的定在，在这种定在中自我意识是作为在自己的标志和工具中取得它自己的自我感觉和自己为其他人们的存在，和它自己使之与它们发生中介关系的普遍性。同样，我作为直接的东西也不可能得到承认，反之，只有当我在我本身扬弃直接性，并以此给我的自由提供定在，才有可能那样。

§. 354.

承认的斗争因此成为生死斗争。两个自我意识中每方都使他方的生命陷入危险，也使自己卷入危险，不过只是作为卷入危险而已，因为每方都同样企求把保存自己的生命作为本质性环节。一方的死亡是按一个方面解决矛盾，是通过对直接性抽象的、因而粗野的否定解决矛盾，按照本质性方面看，从承认的定在看，这种死亡因之就是更大的矛盾。

§. 355.

由于生命和自由一样是本质性的，所以斗争会结束。既然在这一领域两个自我意识的直接的个体性被假定为前提，所以斗争起初就以一种不等同性为自己的结局：斗争者中的一方以生命为先，把自己作为抽象的或个别性的自我意识保存下来，但却放弃了自己的被承认存在，而另一方却坚持这种普遍性，并被作为屈服者的第一方所承认。这就是主人与奴隶的关系。|

　　承认的斗争和屈从一个主人，是人的共同生活作为各个国家的一种开始在其中产生的那种现象。在这种现象中作为根据的暴力，因此并不是法权的根据，尽管它是从沉于欲望与个别性的自我意识状态向普遍性的自我意识状态转化中必然而有理由的环节。

§. 356.

第一，就其同一性来说，这一关系是欲望需要上的和关心欲望满足上的一种共同性，代替粗野地破坏直接客体出现的是获得、保持和加工直接客体作为中介的东西，在其中独立性和非独立性这两个极项彼此联结起来。

§. 357.

第二，就其区别来看，主人在奴隶及其服务中具有他自己个别性自为存在的客观性的直观；这也是借助扬弃个别性自为存在，只是在这方面这种自为存在却属于一个他人。但是，奴隶在为主人服务中却通过劳动耗掉了自己个别性的或一己的意志，扬弃掉自己的内在的直接性，并通过这种外化和对主人的恐惧造成了智慧的开端，即造成了向普遍性自我意识的转化。

§. 358.

3）普遍性自我意识是它自己在另一自我中的肯定的知识，两个自我每一方都作为自由的个别性具有绝对的独立性，但是通过否定其直接性却不是使自己和他方区别开来，而是普遍的和客观的，并且具有实在性的普遍性，因为它这时在自由的他方知道自己是被承认的，而且它之知道这点，是因为它承认对方，和知道对方是自由的。

　　自我意识的这一普遍的反映，这种在其客体性内把自己认知为与自己同一的主体性的概念，从而这种普遍地进行认知的概念，是每一种本质性的精神性的实体，是家庭、祖国、国家的实体，同样也是一切德行的实体，是爱、友谊、勇敢、荣誉与光荣的实体。

§. 359.

意识与自我意识的这种统一性，首先就拥有各个个别性方面，这些方面是作为自为存在着的彼此相对而持存着。但是它们的区别在这种同一性之内是完全不确定的差异，或者毋宁说它们的区别是一种并非是什么区别的区别。因此，它们的真理性是自我意识自在而自为地存在着的、未予中介的普遍性和客体性。这就是理性。

C.
理性．

§. 360.

理性是自在而自为的真理性，这种真理性是概念的主体性与概念的客体性及普遍性的单纯的同一性。因此，理性的普遍性既具有在意识中给定的客体的意义，也有在自我意识中的我的意义。

§. 361.

理性因而是被规定为自在自为的主体性的纯粹的个别性，因而也是这样的确信：自我意识的规定同样是对象性的，是事物本质的规定，正如是它自己的思想一样。

§. 362.

理性作为这种同一性，是绝对的实体，这种实体是真理性。在对我假定为前提的客体，以及对客体是自我性的我，都已扬弃自己的片面性后，理性在这里所具有的独特规定性就是实体的真理性，这种真理性的规定性是为其自身存在着的纯粹概念，是我，也是作为无限普遍性的对它自身的确信。这一认知着的真理性就是精神。

C.
精神．

§. 363.

精神已表明自己是灵魂与意识的统一性，即那一单纯直接的总体与这种不受对象限制的知识活动的统一性，这种知识活动也不再处于关系之内，而是单纯的、既非主观又非客观的总体的知识活动。因此，精神只是从它自己的存在开始，并且只与它自己的诸规定发生关系。

§. 364.

就灵魂是直接的或由自然来规定的而言，灵魂是有限的；就意识具有一种对象而言，意识也是有限的，而精神是有限的，是就它直接在自己内具有一种规定性来说的，或者说就这种规定性是由精神设定起来的规定性来说。精神自在而自为地是完全无限的、客观的理性，这一理性是精神的概念，而这一理性的实在性是知识活动，或者说理智。因此确切点说，精神的有限性在于，知识活动未曾把握住理性的自在而自为的存在。但是，理性只是无限的理性，因为它是绝对的自由，因而把自己对它的知识假定为直接的被规定存在，并以此使自己有限化，而又是那种扬弃这种直接性和对它自己作概念理解的永恒运动。

§. 365.

精神的进步是发展，因为精神的实存是知识活动、自在而自为的被规定存在、目的或理性的东西，并且这一迻译也纯粹只是这种向显示的形式性的转化。由于知识活动是无限的否定性，所以概念中的这种迻译是一般的创造。由于知识活动仅仅才是抽象的或形式的知识活动，所以精神在其中是不符合于它的概念的，而它的目标就在于产生出它的知识的绝对充实内容与绝对的自由。

§. 366.

精神的道路 a）是成为理论的，是与它的直接的规定性发生关系，并把这种规定性设定为它的规定，或者说使知识活动摆脱前提假定，从而摆脱它的抽象，并使规定性成为主观的。当知识活动在自己内自在而自为地得到规定，或者说当它是自由的理智时，它就直接是 b）意志，是实践精神；实践精神最初是直接意志活动，并会使它的意志规定摆脱其主观性，以致它是作为自由的意志，并是客观的精神。|

§. 367.

无论是理论的精神，还是实践的精神，现在都还处在一般的主观精神的领域，这种知识活动与意志活动仍是形式的。但是作为精神，精神一般是主体性与客体性的统一性，因此作为主观的精神，它同样是进行创造的，只不过它的那些创造是形式的。理论精神的创造是它的世界的观念性基础，实践精神的创造是它的世界的一种形式性材料和内容。

关于精神的学说通常是当作经验心理学加以研究的，精神也被看作一些力和能力的一种集合体，这些力和能力以偶然的方式互相并处，以致一个和另一个同样都似乎可以不在那里存在，而无损于其他。这正像人们在物理中看不出，假使如磁之类的附属部分在被表象时竟在自然中找不到了，自然就将同样会多有所失。此外，各种能力彼此的关联还被视为一种外在的必然性或合目的性，而各种能力的这种功利性因此就显得是一种颇为邈远的、甚至有时是乏味的功利性。如同逻辑一样，心理学也属于那些科学之列，这些科学在近时期还极少从精神的一般发展和理性较深刻的概念引来裨益，并处在一种极为恶劣的状况。当然，心理学从另一方面通过康德哲学的转折已被赋予一种更大的重要性，甚至情况是这样的：心理学据说应当构成形而上学的基础，而且是在其经验状态内，作为这样的科学似乎并非在于别的，而只是以经验方式去理解人的意识的事态，更确切地说，把这种事态理解为如同它们已是既成给定的那样，并对它们作出剖解。这种心理学同时与意识的观点及与人类学混合在一起，以它上述态度对自己本身的状况并未改变什么，而不过是附加了一节：就是在一般形而上学和哲学方面，以及在精神本身方面，也已放弃对那种是自在自为东西的必然性的认识，放弃了概念和真理。

a）理论精神.

§. 368.

理智发现自己是被规定的，但它作为知识活动却在于，它具有这一被发现的东西作为它自己的东西，因为它自在地是理性，又在于自为地成为那样的，并能使它的自在而自为地存在着的客观性成为主观的。因此理智不是进行接受的，而本质上是能动的，能够扬弃发现它的理性时用的空洞的形式，或者说能够把那种纯粹形式的知识活动提高为它本身的特定的知识活动；那种纯粹形式的知识是理智之作为理性的自我发现活动。因为理智是理性，所以这一提高的方式本身也是合乎理性的，并是理智活动的一种规定通过概念向另一规定内的一种确定而必然的转化。

1）理智和意志的区别常常得到一种不正确的意义，两者被当作一种固定的彼此分离的实存，以致意志活动仿佛可以离开理智，或者理智活动可以是无意志的。但是，理智本质上也是意志，因为只有自由的自我规定才是意志，而意志同样本质上是理智，因为自由只是作为我本身的确信，是在直接的、自在存在着的规定之内。因此，意志将表明自己是理智的真理，或者毋宁说理智将表明意志本身为它的真理。作为是理智的精神的意志是它的自我规定，抽脱它通过自己设定的目的、意趋，并且自己不采取意志的态度。那种错误的分离所具有的最陈腐的形式是主张一种想象的可能性，正如所宣称的那样，说知性可以离开心而形成，心可以离开知性而形成。这样一种意见是观察的知性所作的抽象，这种知性固执这类的区分。同样，个体中的现实的知性，也正是以这种方式对它作出命商，将之归了精神建在的非真理性，并在其中坚持它；这是一种知性，它同样也是意志。但是，哲学却恰恰不是应当把定在与表象的这类非真理性当作真理性的。其他大量由理智使用的一些形式是说，理智从外面接纳种种印象，理智在接受它们，表象是通过作为原因的外在事物的向内作用产生等等，这些都属于知觉活动的观点，是混合感性与知性规定的观点（§. 336.），是那种既不归于精神，又更少归于哲学思考的观点。至于说到理智显得是以无限多样的、偶然的方式得到规定的，这也同样是完全有限的个别性的观点和个别灵魂经验自然生活的外在非真理性的观点。2）一种特别受到喜爱的反映形式是关于灵魂、理智或精神的力和能力的反映形式。但既然说到能力，就应该说到 **Dynamis**［力能］在亚里士多德那里完全具有另一种意义，它表示自在存在，并被与隐得来希作为活动、作为自为存在和作为现实性区别开来。但是能力和力一样是内容的被固定化的规定性，被想象成了己内反映。力诚然是形式的无限性（§.84.），内在东西与外在东西的无限性，但它本质上的有限性构成了内容对形式的不相干性（同上节，疏解）。这里就含有无理性的东西，即通过这种反映形式，并由于把精神看作一堆的力，而被加进精神，同样也加进自然的东西。从精神活动那里能够被区别开来的东西，被固执为一种独立的规定性，通过这种方式，精神也被弄成为一种僵化的、机械的集合体。如果精神的一种力是自在而自为地加以考察的，即如果这里考察的是这种力的内容，是这种力所包含的特殊的规定性，那么它就将证明自己是规定性，即是辩证的和转化着的，不是独立的。这样所用的有关一种力的形式也就会扬弃自己，毋宁说它应当是规定性在自己内的反映，并把这种规定性确定为独立性。于是，就出现了概念，在其中，各种力消逝了。这一概念和辩证法是理智本身，是我具有的纯粹的主体性，在这种主体性中各规定性是作为流动的环节，这种主体性是绝对具体的东西，是自我的黑夜，在其中，每种理智都是种种表象的无限性世界，这一世界连同理智活动的曾被当作力的那些固有的规定，都是被扬弃了的。作为这种多样性的单纯的同一物，理智本身现在把自己规定为一种规定性的这一单纯性，规定为知性，规定为一种力的形式，一种孤立活动的形式，并把自己理解为直观、表象力、知性理解力，等等。但是，对种种活动的孤立与抽象，以及关于它们的这些意见并不是概念，也不是它们本身的理性的真理。

§.369.

理智作为灵魂，是直接被规定的；作为意识，它处于与这种规定性的关系之内，作为同一种外在客体的关系之内；作为理智，它发现自己同样是被规定的。因此，1）理智是感觉，是精神在自己本身内的模糊的活动，在其中它对于自己是质料性质的，并具有它的知识的全部质料。精神在这种直接性中是作为进行感觉的或进行感受的，由于这种直接性，精神在其中全然只是作为个别的和主观的精神。

§. 370.

感受的形式是这样的：感受诚然是特定的一种兴奋活动，但这种规定性是单纯的，而且在它里面无论是它的内容对于其他内容的区别，还是它的内容的外在性对于主体性的区别，都还没有设定起来。

精神在它的感受内具有它的各种表象的质料，这是一种很普遍的假定，但更为通常的是在这句话在此所具有的对立的意义上。因为尽管一般的判断和意识区别为一种主体和客体，这要比单纯的感受来得晚，但终归还是被当成了更早的事情，感受的规定性是从一种独立的外在或内在的对象加以推导的。在我们这里，在精神领域，意识的这种与唯心论对立的观点就衰落了。感觉或感受由于自己的形式而是质料性质的，因为它是精神这种直接的、在自己内还未区别的模糊的知识。甚至亚里士多德也已认识到感受的规定，因为他把意识将其分离开的感受着的主体和被感受的客体只认作按可能进行的感受活动，而关于感受则说，感受着的和被感受的隐得来希是同一的东西。的确，没有什么成见还比将如下命题归于亚里士多德更为错误的了，这个命题说：在思维中没有什么东西不是已在感官内存在过的。而且这还是就上述通常意义。亚里士多德的整个哲学毋宁说是这里直接的对立面。与这一历史成见相似的是一种常见的成见，是认为在感觉中存在的甚至比在思维中存在的更多。特别是在道德情感和宗教情感方面，这已经成了定则。于是便产生了一个结果：精神作为感觉着的对于自己是质料，这种质料就是理性自在而自为的被规定存在。但是，精神单纯性的这种形式却是最孤独的、最坏的形式，在其中它不能作为精神，作为自由的东西存在，也不能作为无限的普遍性存在，而这却是它的本质。精神毋宁说倒必须全然超出它存在的这种非真理性方式，因为它在这种直接性之内是一种偶然的、主观的和局部的东西，并非作为理性的东西是现实性的；它在那种直接性内是被规定的，因为它仅仅是存在着。因此，当一个人在某种东西上不诉诸事情的自然本性和概念，或者至少诉诸种种根据，诉诸知性普遍性，而是诉诸他的感觉，那么除了随他自便外也就没有什么好做的了，因为他自己由此是拒绝与理性共同体交往，把自己封闭在自己孤立的主体性之内，封闭在局部性之内。

§. 371.

精神在感受内的这种抽象的、同一性的方向，如同在精神进一步的所有其他规定中一样，是注意。这是理智形式性自我规定的环节。

§. 372.

但是这种自我规定本质上并非是这种抽象的自我规定；作为无限的规定，它使它的被规定存在的单纯性分离，并以此扬弃这一被规定存在的直接性。这样，它就把这一被规定存在设定为一种否定性的东西，设定为被感觉的东西，与作为在自己内反映了的理智区别开来，也与主体区别开来，在这种主体中，感觉是一种被扬弃的东西。这一反映的阶段是表象。

§. 373.

2）理智所进行的表象活动 α）是回忆。理智把自己单纯的感受分离开来，并把它规定为与自己的己内反映对立的、否定的极项，这样它就把感受的内容设定为在自己之外存在着的东西；于是，它把这种内容向外投在时间和空间之内，并是进行直观的。直观是直接性的，因为它是抽象的外化，并且，理智还不是与这一外在性相对立而被设定为己内反映和主体。|

§. 374.

但这一设定活动是分离的另一个极项。理智在这种分离中把感觉的内容设定在自己的内在性之内，也设定在它固有的空间和它固有的时间之内。这样，内容就是一般的图像和表象，而摆脱它最初的直接性和与他物对立的抽象的个别性，并以此也被接受到我的普遍性形式之内：首先接受到这种抽象的、观念性的普遍性形式内。

§. 375.

回忆是两个方面的关联，是把直接个别性的直观统括到这一依形式是普遍性的直观，即统括到有同一内容的表象，这样一来，理智在特定的感受及其直观内对于自己就是内在的，并且在其中会认识到它自己本身，而不再需要直观，它现在占有的直观是作为它的直观。

§. 376.

β）这一现在在自己这种的占有中能动的理智是再创造性的想象力，是从我自己的内在性中唤起图像。各种具体图像的关联首先是它们连同被保存的外在直接的空间和时间的关联。但因为图像在保存它的主体内仅仅具有否定的统一性，它在这种统一性中被承负，而它的具体化也在这种统一性内得到维持，所以它的直接性的统一性反而解体了，而它在其中是被规定为感受活动和直观活动中的一，或者毋宁说是意识中的一。被再创造的内容作为从属于理智与自身同一的统一性的，作为从理智的内在东西出现于表象的，是一种普遍性的表象，这种表象是诸具体表象的联想的关系。|

各个所谓的观念联想规律在那种与哲学解体同时繁荣起来的经验心理学中曾特别获得巨大关切。但第一，被联起来想的并不是什么观念；第二，那些关联方式也不是什么规律，之所以不是规律，只因为在同一事情上竟然就有如此多的规律，由此产生的毋宁是任意和偶然性，是一种规律的对立面。依据联想的想象从图像和表象进展而来，一般乃是一种无思想的表象活动的表演，理智的规定在其中还是完全形式性的普遍性，而内容则是在诸种图像内被给定的内容。此外，图像和表象只是由于前者是具体的东西而有别。内容尽可以是一种图像式的东西，或概念与理念，表象一般还是具有如下特点：尽管它是一种从属于理智的东西，就它的内容看终归对于理智还是给定的和直接的东西。另外也表明，在此直观是直接的关联，我是作为观念性的、从而对它在自己之内的反映是外在的普遍性，这种普遍性还不是作为内容的规定，反之，表象及其再创造却是一种特定的普遍性；但这里也表明，直观活动、表象活动与想象力因而也本质上是思维，虽说它们还不是被解放的思维，而内容也不是一种思想。在表象的活动中的、普遍性的表象由以被创造出来的那种抽象，通常被说成是许多相似图像的一种相合，并要求用这种方式让人理解。为使这种相合不至于完全是偶然，是无概念的东西，似乎就必须假定相似的图像有一种吸引力或诸如此类的东西，这种吸引力仿佛同时是否定的威力，能把图像彼此还不等同的东西清除掉。这种力量实际上是理智本身，是作为普遍性的我的我，这种我通过自己的回忆直接赋予图像以普遍性。

§. 377.

各个表象的联想因此是把个别性的表象统括于一种普遍性的表象。这种普遍性首先是理智的形式。但理智同样是在自己内确定的、具体的主体性，而且它自己的内容可以是一种思想，是概念或理念。作为把各个图像统括于独特内容的活动，理智在这些图像中是在自己内确定地得到回忆的，并把它们想象地内建于它这一内容的。这样，理智就是想象，是象征的、比喻的或构思的想象力。

§. 378.

理智在想象的确定的回忆中完成到这种程度：它从它本身取来的内容现在具有一种图像性实存。但是，图像东西的质料是给定的，而产物不具有实存的直接性。理智必须给产物以这种直接性，因为它在产物中是表象活动的总体，并从它的特殊化返回主观的表象之内，而外在的直观也返回为自由的、同一性的自身关联。直观的这种回忆是记忆。

§. 379.

γ）记忆（记忆女神缪斯）是独立的表象和直观的统一性，前者作为自由的想象将自己表现给后者。因为理智还不是实践的，所以这种直接性是一种直接的或给定的直接性。但直观在这种同一性中的意义不是作为肯定的和表象它自己本身的，而是作为某种他物进行表象的；它是一种图像，这种图像已把理智的一种独立的表象作为灵魂接纳于自己之内，这即它的意义。这种直观是标志。

　　标志是随一直接性的直观，但这种直观却是表现具有完全另一内容的一种表象，与它自为地具有的内容不同。如金字塔，金字塔中移入和保存着一种异己的灵魂。标志与象征相异，后者是一种直观，这种直观固有的规定性按其本质与概念来说或多或少是这一直观作为象征所表达的思想。因此，理智作为作标志的，比它作为作象征的在运用直观上显示出一种更自由的随意和支配力。标志和语言常常被作为附带东西在随便某个地方插入到心理学甚或逻辑，而竟不顾及其在理智活动系统中的必然性和联系。标志的真正地位是已经指明的地位，也就是说，那种作为进行直观的而创造出时间与空间的理智，现在给它种种独立的表象提供一种确定的定在，把已充实的空间与时间，把它从感受的质料中具有的规定性中的直观运用为属于它的，而消除掉它们直接性的和独特的表象，并给自己以另一种表象，以之为意义与灵魂。这种创造标志的活动被正当地称之为记忆，而且是创造性的记忆，因为记忆一般只是与标志有关，虽然它在日常生活中常被与回忆，乃至表象和想象力混同使用和相提并论。但尽管在此记忆的这种更切近的规定中也指的是那一点，那所想的原来也只是再创造性的记忆，而理智本质上创造的是它再创造的东西。

§. 380.

　　被用为一种标志的直观作为直接性的直观，首先是一种给定的和空间性的。但是，由于它只是作为被扬弃的直观，而且理智是它的这种否定性，所以标志更真实的定在形式是时间，这是一种方其存在就消逝的活动；至于声音则是表示宣示自己的内在性具有的充实表现（§.280.）。与特定一些表象相关联，进一步分化自身的声音、言语和它的系统，即语言，给种种感受、直观以第二种高于它们直接性定在的一种定在，并且一般地给种种表象以一种在表象活动领域有效的定在。

§. 381.

直观在标志及其意义中的同一性首先是个别性的创造，但作为理智的统一性，它同样本质上是普遍性的创造。那种回忆它、从而使它成为普遍性的活动，以及再创造它的那种活动是熟记的记忆和再创造性的记忆。

§. 382.

标志一般是多个标志，它们作为这样的标志彼此相对，也全然是些偶然的。把这样一系列的标志固定下来、并使之保持在这一固定次序内的虚空维系，是主体性完全抽象的、纯粹的力量。这是那种因整个的外在性而被称为机械性的记忆，这样一些系列的诸多环节就彼此对立地存在于这种外在性之内。

§. 383.

名称是现成存在于表象领域并在其中有效的那样一种实事。不过它具有一种由理智造成的外在性，是作为自为地非本质性的、而为理智使用的直观和主观上作出的直观，以致它仅仅在这一给予此种直观的意义才具有价值，这种意义是自在自为地被规定的表象和实事或客观的东西。机械性的记忆是对那种主体性的形式性扬弃，通过这种扬弃活动，标志的矛盾就失去地位，而理智则自为地在习惯中使自己成了事情，成了作为直接的客体性的实事。以这种方式，理智通过记忆就造成了向思维的转化。

§. 384.

3）通过理智直接的被规定存在的回忆和理智主观规定活动的外化，理智的统一性和真理性就已形成，这即是思想。思想现在是实事，是主观东西与客观东西的单纯的同一性。被思维的，是存在的，而是存在的之是存在的，只是因其是思想。

§. 385.

思维最初是形式性的，是作为普遍性的普遍性，而存在同样也是理智单纯的主体性。因此思维也不是被规定为自在而自为的。在这种情况下，被回忆而内化到思维的那些表象就还是内容，一种其仅仅自在地是理性自在而自为的被规定存在的内容。

§. 386.

但是，普遍性之为自由的普遍性，只是作为纯粹的否定性，思维作为这种自由的普遍性，因而 α）并非仅仅是形式同一性的知性，而本质上是 β）分离和规定，即判断，以及 γ）从这种特殊化中在寻找自己本身的同一性，是概念和理性。理智作为进行着概念把握的在自身内具有被规定存在，这一存在在理智的感受内曾首先是作为直接的质料，在自己本身内是作为理智全然固有的被规定存在，因而也就不是作为被规定存在，而是作为规定活动。

思维在逻辑内是像它首先是自在的那样得到考察的，随后是像它作为自为的和像它是自在而自为的那样，即作为存在、反映与概念，继而作为理念加以考察的。在灵魂中思维是觉醒的思虑，在意识内思维也作为一个阶段出现。思维之所以一再出现在科学的这些相异的部分，是因为它们通过对立的要素和形式而只是有异的，而思维是同一的中心，各种对立都回到这一作为它们的真理的中心。

§. 387.

由于思维是自由的概念，它按照内容也是自由的；理性的规定性是主观的理智固有的规定性，而作为被规定的，理智是自己的内容和定在。思维着的主体性因而是现实性的，它的规定是目的，它是自由的意志。|

b）实践精神．

§. 388.

但精神作为理智起初是抽象自为的。它作为自由的意志则是被充实了的，因为它是作为概念，作为规定自己的。这种被充实了的自为存在或个别性，构成了精神的实存或实在性的方面，构成精神的理念方面；精神的概念是理性。

§. 389.

精神自我规定的实存首先是直接性的实存，因为精神发觉自己是在自己本身内内在地或通过自然来规定自己的个别性。因此 1）精神是实践感觉。

§. 390.

作为与理性单纯同一的、因而本身为普遍性的主体性，自由的意志是规定自己本身的自为存在的个别性或纯粹的否定性，是作为理智的意志。因此，意志直接的个别性在实践的感觉中虽然具有那种内容，但却是将其作为直接个别性的、从而是偶然性的和主观的内容。

当人们诉诸人类内心当会具有的公正感和道德感，诉诸人类善意的情向等等，以及一般地诉诸人心亦即主体时，是就一切这类相异的实践感觉在主体中合为一体而言的，那么这种情形 1）就具有如下正当的意义：这些规定是主体固有的内寓性的规定；进而 2）从情感感觉被与理智知性对立起来，情感感觉与理智知性片面的抽象相反，自己能够是总体。但是，情感感觉也能够同样是片面的、非本质的和坏的，由于它具有直接性的形式，所以它本质上是偶然的和主观的东西。反之，理性的东西是作为被思维的东西，它在合理形态内是实践感觉所具有的同一内容，只不过却是在其普遍性和必然性之内，在其客体性和真理性之内。因此比方以为从感情感觉过渡到权利与义务似乎会丧失内容与优点，这是愚蠢的：只有这一过渡才会使感情感觉达到它的真理性。同样，认为理智对于感情感觉、心灵与意志是多余的，甚至有害的想法，也是愚蠢的；心灵与意志的真理，或者同样说：其现实的合理性，唯有在理智的普遍性中才能够产生，而不是在感情感觉的个别性之内。这是问题的一方面。另一方面，与被思维的合理性相对立而固执于感情感觉与心，也是成问题的，而且的确比这更甚，因为在感情感觉与心中比在被思维的合理性中"更多"者，只是特殊的主体性、空洞自负与随意。基于同一根据，在考察感情感觉时，超出注重其形式之外而注重更多东西，并来考察其内容，也是笨拙的做法，因为内容作为被思维的，应该说是精神在其普遍性与必然性中的自我规定，是权利和义务。

§. 391.

实践感觉作为一般思维着的主体的自我规定，包含着应当、包含着具体的自由的普遍性，这种普遍性是作为自在存在着的、但又与一种存在着的个别性关联的；这种个别性被规定为自在地无足道，而只有在与普遍性的同一性中，才是被规定为自为地存在着的真理性东西。实践感觉在它直接的个别性中与它的应当一起，与那种仅仅是存在的规定性相关联，并产生愉悦感或非愉悦感，因为它们两者在这种直接性中还不具有什么必然的同一性。

1）欢快、快乐、痛苦之类，羞耻、悔恨、满意等等，一方面只是一般形式性实践感觉的变形，但另一方面，从它们由于自己那种构成应当的规定性的内容，又相互不同。2）关于世界内恶害起源的著名问题在这里就其普遍性得到了它的解答，更切近地说，却是就恶害首先只是指非愉悦的东西和痛苦这一点来说得到了解答。恶害不是别的，而就是存在对于应当的非遇合性。不过这种应当具有许多的意义，而且既然种种偶然的目的同样也具有应当的形式，这种应当甚至就具有无数多的意义。就这些目的而论，恶害只是对它们想象的空虚自负和无足称道所施行的公正。它们本身事实上就已经是恶害了。之所以存在这样一些及其他各种不适合于理念的个别性，是因为概念对于一般直接存在的那种必然的不相干性；就概念是一种自由的现实性来说，这种直接存在是与概念相对立的，同样又通过概念释放出来，并成为自由现实性的，但却被与概念关联起来，被规定为自在地无足道的东西，这就是被称为恶害的矛盾。在死物中，既无恶害也无痛苦，因为概念并不在死物内实存，也可以说，它在无机自然中并未面对它的定在。在生命内，特别是在精神中，这种分别就已是现成存在的了，并且这种否定性、活动、我、自由，就是恶害和痛苦的一些原则。雅可布·波墨曾把我性理解为痛苦和苦楚，理解为自然与精神的泉源。

§. 392.

2）实践的应当是实在性的判断。感觉的直接性是为意志的自我规定而存在，是一种否定，因此它构成意志的主体性，这种主体性应当被扬弃，以便意志可以是自为地同一的。由于这一活动还未摆脱形式，因而是形式性的，意志就还是自然性的意志，是冲动和情向，并还带有进一步的规定性：实践精神的总体在将自己置入有限规定中的一种个别性规定中去，这就是激情。

§. 393.

情向与激情和一些实践的感觉一样都以同一些自我规定为它们的内容。因为其中一些和另一些一样，都是直接性的自我规定，这些规定尚不具有合理的形式，所以它们是多样性的、特殊性的自我规定。一方面，它们以精神的理性自然本性为它们的基础，但另一方面，作为尚从属于主观个别意志的，同样本质上受制于偶然性，彼此之间和与个体间都是按照一种外在的、非自由的必然性发生关系。

对于种种感情感觉有效的，对于诸种情向也有效。它们是自在地自由的意志的自我规定，只是这种自由意志在它的自我规定的内容上尚非作为理智而是自为地自由的，也非普遍的与客观的。激情在自己的规定内就包含着下述情形：不管它的内容另外会如何，它是被限于意志规定的一种特殊性和主观的个别性。不过，人们更多地是从各种情向方面提出问题：哪些情向是善的和恶的，以及那些善的情向保持到何种程度上是善的。并且，既然它们彼此对立地是些特殊性的情向和自己多个的情向，适如它们因为自己终归处在同个主体之内，且按照经验确实不容全部得到满足，它们至少必须彼此对立地对自己进行限制。事情对于这许多的冲动和情向首先具有与诸种灵魂力量同一的性状，理论精神是这些力量的集合体，而现在这一集合体是这样的：它随大量的冲动被增长起来。冲动与情向的形式性的合理性只在于它们普遍性的冲动，在于这样：不是作为主观的东西，而是被实现的。但是，它们真正的合理性不会在外在反映的某种考察中产生自己，一方面，不会产生于一种前提，即它们是被假定和确定为独立的自然规定和直接的冲动，另一方面，则超出它们的特殊性和直接性，并给它们以合理性及客体性形式，这毋宁说是精神本身的内在性反映。在所给予的这种形式内，它们是作为必然性的关系，和是作为权利与义务。这种客观化本身终归是表明它们的蕴含、它们彼此的关系，以及一般而言它们的真理性的东西，正如柏拉图曾表明能够凭真诚感只以正义的客观的形态、即以作为伦理生活的国家的构造阐明自在自为的正义当是什么一样，这也指他曾把它的整个自然统含在精神的公正之下。因此什么能够成为善的、合理的情向及其亚属，就变成了阐明精神在扬弃其主体性和实现自己时能够创造什么样的状况，即一种客体性，在其中它的各种自我规定一般恰恰失去情向的形式，同样内容也失去主体性、偶然性或随意性。

§. 394.

这些冲动中的普遍性东西是个别性的主体，是满足这些冲动的活动或形式性合理性的活动，即从主体性迻译到客体性的活动。在客体性中，主体性是向自己内回归的。现已产生的事情包含着主观个别性的环节，这就是意趋。因为活动是那种辩证运动中的个别的主体性，所以离开意趋就无法产生任何东西。

§. 395.

但意趋在这里还不是作为仅仅形式性的活动，或者纯粹的主体性，而是作为冲动或情向具有一种由直接性的意志所规定的内容。然而，这种多样的特殊性内容的辩证法却是意志本身的单纯的主体性，这种意志作为产生反映的意志，首先把各种冲动的矛盾提高到形式性的普遍性，并且，3）使幸福感成为自己的目的。|

§. 396.

幸福感是关于满足所有冲动的错乱的表象，但其中一种冲动对另一种冲动应当全部或部分地作出牺牲，或者被置于优先和统领地位；它们作为存在着的东西彼此交错的限界，从一方面说，是质的和量的规定的一种混合，从另一方面说，由于情向是一种主观的和直接性的决定根据，必须起决定作用的就是主观的感觉与爱好了。

§. 397.

那种作为激情而是抽象知性的意志，也把自己包含在它的规定性中的一种规定性之内。这种意志在幸福感的普遍性目的内是摆脱了个别化的，不过，许多特殊性的情向当还被当作一些直接而独立的规定时，它们同时是在目的的，即幸福感的统一性之内被扬弃了的，并作为非独立的。意志作为这种不确定的普遍性在自己内作出反思，就居于个别性情向之上，个别性的情向之是从属它的，就只有当它自己与之联结起来，并以此给自己以特定的个别性与现实性。这样，它便是处于在各种情向之间须作选择的立场，并是随意。

§. 398.

以这种方式，意志就是自为地自由的，因为作为它直接性的被规定存在的否定性，它是在自己内反映的。然而，就它在其中决心达到个别性和现实性的那种内容还是一种特殊性来看，它之是现实性的，就还是仅仅作为主观的和偶然的意志。意志在一种特殊性内实现自己，这种特殊性对于它同时是虚无性，它在其中取得一种满足，同时又离开其内，作为这样的矛盾，它首先是享闲的过程和一种情向被另一种情向扬弃的过程，是一种满足过程，而这一满足恰恰又不是满足，是通过另一种满足而无限进展。

§. 399.

但是对于特殊性而言规定性既是是存在的，同样又是被扬弃的；抽象的个别性即随意，在特殊性目的内如同未给自己以一种内容，同样也给自己以一种内容。这种特殊性的真理性，意志的这种特殊性目的的真理性，和这种随意与抽象个别性的真理性，是一种统一性，在其中两者仅仅是环节；意志的绝对的个别性是它的纯粹的自由，这种自由为自己本身而自在自为地规定自己。这样，精神在它自我规定的这种真理性内就是作为普遍的、客观的意志，一般地作为客观精神；精神的自我规定作为纯粹的己内的反映，对自己是目的。|

第二部分.

客 观 精 神.

§. 400.

客观精神是理论精神和实践精神的统一性，是自由的意志，这种意志是自为地作为自由的意志，因为它的实践活动的形式主义、偶然性和主体性已扬弃自己。通过扬弃这一中介，它就是通过自己设定起的直接的个别性，这一个别性同样是普遍性的个别性，是自由本身。意志之所以只是以此而自为的，是因为它思维自己，是作为自由理智的意志。

§. 401.

精神以这一方式就是自在而自为地存在着的理性的理念，是绝对精神的概念。理性作为这样的理性是自为的。主观理性的定在的方面是个别性的意志，这一意志是作为它这一概念的知识，而这一概念构成了个别性意志的内容与目的，这种意志是这一概念的仅仅形式性活动。这种同一性1）作为单纯直接的概念，是法权；2）作为反映或判断，是道德；3）作为符合其概念的实在性或推理的总体，是伦理。

A.
法权 .

§. 402.

在其绝对自由的直接性内的精神，是个别性的人，但个别性的人把他的个别性认知为绝对自由的意志，他 1 ）是个人，是这种自由抽象的、故而主观的自身认知活动。

§. 403.

2 ）因为人格是主观的，因而是作为直接性的个人，在它的抽象中否定或实在性对它来说是一种外在的定在，这种定在是它所遇到的。但作为直接性的，这一实在性是无意志的，是与理智及随意的主体性对立，而是客观的东西的那种物，由于主体性是个人，所以它与主体性对立是一种自在自为地无足道的东西，个人使这种东西成为自己的偶性，成为自己自由的外在领域。这就是占有。

§. 404.

物通过占有的判断、首先是通过外在占据的判断所获得的"属我的"这个宾词，在这里具有这样的意义：我把我的个人意志放进去，而这一意志是绝对的。通过这一意义，占有就是所有，占有之作为占有是手段，但作为人格的定在却是目的。

§. 405.

以此我的意志起初是外在的和为其他人的。因为我是个人，是我与我自己的无限关联，所以我是我对我本身的绝对排斥，只有在其他个人的存在内才会得到我的实现，而且在其中我才是一个现实性的为我的个人。

§. 406.

物是中项，通过这一中项，认知自己与其他同时独立的个人具有同一性的个人所属的各极项就联结到一起。对于他们，我的意志在这种同一性中通过肉体直接取得占有，或者通过改变物甚或给物单纯作标志，具有自己特定的可认识的定在。

§. 407.

3）在所有权上主观的和偶然的方面是，物一般是一种外在的、直接的物，我则把我的意志放入这一物。我赋予这一种物的"属我的"这一宾词方面是意趋，而我的意志是依照同一的随意，以致我可以同样好地把我的意志放入，或者也可以不这样，也可以将它撤出，或者不这样做。这种法权在其绝对性内同时具有实在性方面，是一种形式性的法权。

§. 408.

但是就我的意志处于一种物这点来说，也只有我本人才能够把它撤回，而这种物也只能凭由我的意志转到另一个人，它之成为他的所有，同样只有凭由他的意志。这就是契约。

§. 409.

存在于契约内的两个意志作为内在的东西是与契约的实现、实行不同的，正如个别性意志与取得占有不同一样（§. 406.）。以观念性表意形式、以约定形式表现的契约，确然已包含着一方意志放弃一种所有，包含着它转入另一方意志，并为其所接收，因此它是自在自为地有效的，而它之所以成为如此，并不是因为正好通过此方或彼方现实性的实行，这本身就得包括一个无限的代偿过程了，或者财物分配、劳动分配和时间分配的一个无限过程。但虽然如此，由于意志在这个范围内同时还是形式性和随意的（§. 407.），它也就可能与自己的概念相适应，也可能不适应。

§. 410.

仅由于占有的外在性的缘故，我就可能受到损害和强迫。但是，既然占有对作为个人的我来说，其本身本质上是作为一种外在的东西，所以自在而自为地就不能够发生什么对我的人格的损害和强制，而且也不应当发生（§. 391. ）。

§. 411.

多人所有制一方面是许多的个人在承认中的完全同一性关系，另一方面则是以每一个别的人的随意判断为中介，他针对其他的人使这一物成为他的所有。承认不只是承认其他人抽象的人格，而是承认其实在性的人格，即承认他们的这种判断。什么是我的所有和什么可能是我的所有，这既取决于属于他们的东西，也取决于他们有关属于我的东西的判断。

§. 412.

由于这种判断中存在的外在关联，判断就具有偶然性，以致：第一，尽管宾词的普遍性实体，即人格的自由意志是被承认的，但在将这一物统含于这一个人的特殊性意志之下时会被偏离。这是一种单纯的否定判断，这种判断表现出民事权利纠纷，为了调解这种争端要求有第三方的判断，它无意停留在物上。

§. 413.

但是，第二，在法权的推理中，各个个人本身是作为直接性的、在自己内反映的极项彼此发生关系，而它们的现实承认只是通过每一极项通过自己自由的自我规定扬弃直接性，而非通过强制。个别性的人在其主观直接性内的反映，以及否定"属他的"这个宾词上具有的普遍性的方面，即否定他人自由的人格，是一种无限判断，这种判断作为行动，就是犯罪。

§. 414.

个人抽象的被设定为自为的个别性实现自己于其中的这种行动，它自在而自为地是无足道的。但是行动者作为有理性的东西在这种行动中也树立起某种法，只不过是形式性的、且仅仅被他承认的法而已，他通过这种行为把自己本身统含于其下。这种行为被表明的虚无性，以及在其中这种形式性的法通过某一主观个别性意志进行的实施，是报复；报复因为是从直接性的主观的人格的意趋出发，同时也仅仅是一种新的损害，是无限以往性质的。这一进程同样在一种不带意趣的第三方的判断中，在惩罚中扬弃自己。|

§. 415.

个人意志以直接方式给予自己的法权的实在性，一般已作为一种偶然性把自己发展起来，它表明自己是以主观的随意为中介，而这种随意是本质性的环节。以此，这种随意一方面是超于法权之上的力量，但另一方面在其抽象中自为地又是一种无足道的东西，并且只是在与普遍性意志的同一性中具有真理性和实在性，这就是道德。

自然权利这个述语迄今为止是哲学上的法权学说的惯用语，这个术语含有双义性：法权是否把自己规定为一种由直接的自然仿佛移植进来的东西，或者说，它的意思是否指它同样由事情的自然本性、即概念来规定自己。不过，先前惯常是指前一种意义，以致同时还虚构出一种自然状态，在其中自然权利据云有效，反之，社会与国家状态则毋宁会要求作出对自由的一种限制和牺牲种种自然权利。但是，法权及其全部规定事实上却唯一地以自由的人格为基础，以一种自我规定为基础，这种自我规定毋宁说是自然规定的对立面。一种自然状态因此是一种暴行与不法状态，关于这种状态除了说需要从中脱出以外，没有什么更合真理的话可说。与此相反，社会则是法权唯有在其中才具有自己现实性的那种状态。需加以限制和付出牺牲的，恰恰是自然状态具有的随意与暴行。法权的形式主义在于，法权是自由人格的抽象的、故而恰恰是直接的规定，因此，特殊的实存统括于其下是某种偶然的东西，并且，什么样的一些对象是我的所有，也是随意和偶然的事情。所以，主体性的必然性构成法权向道德的转化，但扬弃主体性的偶然性的必然性也同时造成这一转化，这样，主体性作为普遍性东西就变成了自在而自为地有规定的东西。

B.
道德 .

§. 416.

个人的特殊性通过自由人格的判断变为本质性的环节。由此，一方面，主观的意趣和特殊的福利变成了目的，另一方面，普遍性的、自在而自为地存在的意志是通过主体性而具有自己的现实性，因为主体性通过放弃其直接性而具有善的志向、明见和意图。

§. 417.

由此道德的观点便是自由的反映判断，或者说是一种关系，在其中个人的主体性把自己设定为绝对独立的，并由此使意志的各个环节推斥为独立的极项，推斥为普遍的理性的意志和一种外在的独立的世界。主体性是它们的中项，并且同样也与它们是直接同一的，正如它因它们是独立的而把自己同它们一起设定在一种仅仅相对的关联内、并把它们彼此一起设定于其中一样。|

§. 418.

普遍性的推论是，道德主体作为那种在各极项内同样是独立的对立所具有的自为存在着的统一性，是这种内在的矛盾，而作为同一性，是扬弃这种矛盾的活动和冲动，也就是说，去行动，在整一之内去实现目的，并使外在世界符合目的。

§. 419.

行动当然是通过自由主体的目的对与自由主体对立的无自我的客体性作出绝对的规定，但既然这种客体性也是独立的，那它就也能够使个体的行动发生颠倒，使与这一行动已含有的东西不同的东西产生出来。因此尽管一切变化作为这样的由主体的活动设定起来的变化，是主体的作为，但主体还是会不承认这种作为是自己的行动，而只把作为中那种已包含在自己认知和意志中的东西承认为属于它的东西，或承认为它的过失，因为对它自己有效的，只是作为绝对主观的和自为存在着的意志。

§. 420.

但是，其是一般行动的这种普遍性转化还包含着多样的其他一些相对的同一性。α）普遍性的、自在而自为地存在着的意志是规律和实体，在这种规律中主体的直接个别性与外在的实在性一样，一般地都是被扬弃了的，因此这种规律是绝对的终极目的，是自在而自为的善，对主体来说是义务，是世界的最终的目的。|

§. 421.

β）可是，善作为意志的普遍的东西在自己的概念中包含着实在性的环节，但这种实在性处在与这种普遍性相异的个别性之内，处在我的在自己内反映的主体性之中和它自己规定自身的活动之内。于是，主体应当具有对善的明见，使善成为自己的意图，而且通过自己的活动使善产生出来。

§. 422.

γ）善起初是作为抽象普遍的东西，但是，它作为意志的本质性东西在自己内是否定的东西，因而是一种特殊性东西。因此，存在种种善和多种义务，它们的差异是辩证地相互对立的，并把它们带入冲突。

§. 423.

然而它们却应当处于一致，因为每者作为义务和善都是绝对的，这时每者就都以普遍性的意志为本质。同样，因为行动是主体的活动，并以个体性为原则，个体就应当在它们的差异中认知它们本身，正如个体应当认知由主体作为个别东西而假定为前提的客观性的多种方面一样，亦即认知事情场合的多种方面一样，这种场合是一种具体的和在自己内多样性的场合。同样，个体也应当认知那些自身与这种种方面关联的种种义务。进而说，真正的辩证法应当就是认识它们彼此之中的从属关系，应当决定取它们唯一的一种或某种的联接，同时排除其他方面、或排除它们的绝对有效性。

§. 424.

δ）对于作为在其特殊性内是绝对自为地存在着的主体，它的意趋与福利应当是本质性的目的，因而也应当是义务。但同时，善并非是特殊性的意志，而只是普遍性的意志，在善的目的中，特殊的意趋应当不是什么环节。由于这一独立性，两者是否和谐就是偶然的。但是它们却应当和谐，因为主体作为个别性东西和普遍性东西自在地是整一的同一性。

§. 425.

ε）这一内在的方面应当一般地通过行动，通过主体的活动被与客体性联结起来。但客体性既然作为另一独立的极项自为地构成一个独特的世界，它是否与主观的目的谐和，就是偶然的，善是否实现自己于它之内，恶这种自在而自为地虚无的目的在它之内是否是虚无的，此外是否主体在它之内找到自己的福利，更切近地说，是否善的主体在它之内变成幸福的，而恶会成为不幸的，也同样是偶然的。但是，世界却应当让善的行动在自己内实现，正如它应当确保善的主体满足自己特殊的意趋，而使恶的东西无逞，并应当使恶本身成为无存之物。

§. 426.

这种多方面的应当所表现的全方面矛盾，是精神最抽象的分析及其最深刻的向自己内行进的过程；自身矛盾着的各个规定的纯粹关联，是精神对自身的抽象确信，是主体性的无限性。对于这种主体性，普遍性的意志，善、权利和义务既是是的，又并非是是的，这种主体性也把自己认知为是从事选择的和进行决断的。|

§. 427.

由于这一从事选择的精神自身确信是抽象的、在其直接的个别性内自身无限的意志的反映，它便提供了两种直接互相转化的形式，良心的形式与恶的形式，良心是善的意志，但这种意志却是作为在这种纯粹的主体性内并非是客观的，也非是普遍性的东西，而是不可言说的东西，而主体在其个别性内知道自己是对此作出决断的，并以此直观和鉴赏自己特殊的卓越性。但是，就主体的个别性并非止于这一抽象之内，而是与善相对立具有一种主观的意趣内容来说，恶正就是那种将主体自己的个别性认作决断东西的认知。

§. 428.

意志一直逃遁到这种绝对的空虚自负性，逃遁到一种不是客观的、而纯粹仅仅确信其自身的善的存在，逃遁到在普遍性东西的虚无性内的一种其自身的确信，这一意志现象的最高尖峰于是在自己内便直接崩塌。恶作为主体性与客观东西及普遍性东西相对立纯粹在自己内的反映，是完全抽象的映像，是它本身的直接颠倒和毁灭，因为它毋宁说直接是纯粹的自身同一性；也就是说，恶的行动，犯罪（§. 414.）就是这种颠倒的表现，在其中概念的各环节具有彼此对立的外在现实性形态。

§. 429.

纯粹抽象的善的志向，在它本身之内是扬弃善的单纯普遍性中的这种反映与选择的中介，即扬弃这一虚无东西的虚无性中的这种中介。这一普遍性东西在其概念和这一意识中同时具有不可言说东西的意义，或绝对直接性的善的意义，因而具有客观东西的意义。在它自己这种与客观东西的同一性内，主体性因而已经扬弃了关系的观点，已经转化为伦理。

C.
伦理 .

§. 430.

伦理是客观精神的完成，作为法权与道德的统一性，它不仅是两者的真理性，而且是主观精神与客观精神本身的真理性。它实际上是作为普遍理性意志的自由，正如这种意志在个别性主体性的纯粹思想内为自己解决了这种主体性的对立，同时作为伦常而具有关于自己的知识及志向，具有它的运行和直接的、普遍的现实性那样。自我意识的自由已变成自然。

§. 431.

绝对的应当在其中同样也是存在的这种自由的实体，作为民族，是现实性。它的否定性抽象地分离为实存，是在一些个人内进行的个别化，这一实体是他们直接独立性的内在力量与必然性。但是，个人作为思维着的理智认识到实体是他自己的本质，在这种志向中停止为其偶性；他同样把自己在现实性内的绝对的终极目的直观为被达到的此岸，正如他通过自己的活动把这种目的产生出来一样，然而却是把它作为某种同样是存在的东西产生出来，因而不假进行着选择的反映思考把自己的义务作为属于它的东西和作为存在着的东西来实行，并在这一必然性中获得他本身和他的自由。

§. 432.

因为实体是自由的个别性与普遍性的绝对的统一性，所以，每一个别性的人的现实性与活动，即是自为存在和作自为操持，就既受假定为前提的整体的制约，仅仅现成存在于整体的联系内，又为向一种普遍性产物的转化所制约。同样，实体和普遍性作品也是诸个别性的人的独立性，这种独立性是由此被产生出来的。诸个体的志向是认知他们一切的意趣与整体的这种同一性，知道其他个别性的人相互只是在这种同一性中彼此认知自己，并是现实性的，这就是信任，即真正的、实体性的志向。

§. 433.

普遍性作品是实体本身，它把自己特殊化，把它的劳动特殊化为一些区别，这些区别就是等级。普遍性的等级是实体本身的运作，特殊性的等级的作品是特殊定在的需要，而其切近的目的是特殊的主体性，但是，要达到这一目的则以其他一切人的劳动为前提，同时也会影响到他们的劳动。个别性等级是个体性，就个体性是自为地作为一个总体，而且虽说是一个自然的、但通过精神性却同样提高到伦理的整体而言，就是家庭。|

§. 434.

个别性的人在与他的实体的关系中具有的关联，构成他的伦理的义务。对于他作为个别性的人，一方面与家庭整体的同一性，是自然的实体性，但是另一方面，他应当使自己有能力在整个实体内获得地位和一个等级，他应当一般地发展自己，而且，只有当他作为普遍性作品上特殊性的合作者得到承认，并在这一方面现实地进行劳动，他才会现实地是某人。

§. 435.

伦理的人格，即其整个特殊性为自己实体的生命所贯通的主体性，是德行。从与外在的直接性，与一种命运的关联来看，它是对一种存在，一种非否定东西的一种行为关系，因而是安然立于自身之内；从与实体的客体性，与伦理现实性的整体的关联来看，它是信任，是有意为这种现实性发挥作用、并是为之作出自我牺牲的能力；从与他人关系的偶然性的关联来看，它首先是正义，继而是善意的情向。在这种领域，主体性把自己特殊的性格、气质等等表现为各种德行。

§. 436.

实体的普遍性事业在个别性这一极项方面，在于双重的劳动，一重是维护作为个人的这种个别性，从而使法权成为必然的现实性，使无限伤害个人的报复受到惩罚，然后是促进个人的福利，这种福利首先是每个人自为地操持的，但完全具有普遍性的方面。另一重则在于把上述两个方面，把力求自为地成为一个中心的个别性的人的整个志向和活动引回普遍性实体的生活，并在这个意义上作为自由的力量也使那些初始的领域经受阻抑。

§. 437.

各种法律表现普遍性实体的自然本性和规定；第一，它们是作为直接的，所以它们是对独立的随意和特殊性意趣的限制；但是第二，它们是绝对的终极目的和普遍性作品，所以它们是通过相异的、使自己从其普遍的特殊化（§. 433.）进一步个别化的等级的功能，和通过个别性的人们的一切活动与私人操持被产生出来的，并且被表现为在生效的伦常。

§. 438.

各种法律的抽象本质是普遍的自在而自为地存在着的意志，但它们的现实性却是有生命的伦常。不过，如果说个别性的极项一方面是意志的直接的自然性、冲动与情向，另一方面又在自己内反映为一般的随意、然而也被反映为纯粹主体性的道德抽象和自为存在着的空虚自负，那么与之相反的另一极项，即自在而自为地存在着的意志，也同样被规定为个体性的现实性、普遍性东西能动的主体性，这就是政府及其人身的作出决断和决定的顶端，君王。

§. 439.

法制包含种种规定，规定理性的意志就其仅仅自在地是个体们的普遍性意志以什么方式才会被发现和得到理解，以什么方式通过政府及其特殊性的分支的效力，在现实性之内得到保持，而且能够像面对个别性的人的偶然性的个体性那样，面对政府及其分支的偶然性的个体性而得到保护。

§. 440.

个别性的极项在其抽象规定中具有一种多人聚合体的单纯集体形式，因而有时带有"民众"这一虚假名号，政府作为个体性现实性内的普遍性的东西与个别性的极项对立，这一外在的环节给出一种虚假的规定，好像法制是一种契约，即有别的一些个人在一种随意和偶然事情上的随意的一致。联系毋宁说是一种实体性的和绝对的联系，一切法权及其现实性都是从这一联系产生出来。而法制毋宁说在于一点：实体的自身理解和运作应是摆脱随意的。

§. 441.

伦理的精神在这里是作为实体，它对自己作出理解，把握自己的普遍性本质和自己的有机划分，并且进行作制。这点属于智慧与科学，属于普遍性等级，一般属于比精神实体存在领域更高的一个领域。在这一领域，个体的志向是伦理，他们与实体的现实性的关联是信任（§. 432.），实体的现实性是作为一种与他们的个别性和反映有别的东西。但是，如果说他们作为抽象道德的个人应当在普遍性的意志内认识他们明显的个别性的意志（§.435.），那么这种参与由于它部分地是映象、部分地是现实性的和有保证的，就需要这样来调节：普遍性意志的认识、确立和运作能以同个别性的人自己的特殊性及私人意趣的方向相对立而得到保障。

§. 442.

1）伦理的精神本身是一种个别性的精神，这种精神在一个特别受规定的民族内具有自己的现实性。作为这样的定在，这一精神的总体展示出直接的自然性或地理的和气候的规定性，尤其是，它也是存在于自己精神生命的一个特殊的发展阶段，它仅仅在这一阶段内来理解、把握自己和作制。

§. 443.

2）作为这样的个别性个体，这一精神对于其他同样是这样的个体是排他的。在它们彼此的关系中会发生随意与偶然性，因为普遍性的东西由于这些的个人们自治的独立性之故，只是应当存在，而不是现实性的，而这些个人在自己内是实在性总体，完全没有进一步的需要。

§. 444.

这种非依存性使这些个体之间的纠纷成为一种暴力关系，成为一种战争状态，出于面对他人维护国家的独立性这一特殊性目的，为了对付战争，普遍性的等级就把自己规定为勇敢等级。

§. 445.

这一状态在其达到绝对否定性的个体性的必然环节内显示出实体，并在这种否定性中显示出自己处于支配各个个别性的人的力量之内；他们特殊的独立性，以及他们沉于占有的外在定在和自然生活的存在状态，会感到自己是一种无足道的东西，通过牺牲这种自然的和特殊性的定在来维护保存普遍性实体，则在自由的志向中和使空虚自负空虚化中，使自己成为自身的中介。

§. 446.

但是通过战争状态，会促成自由的民族个体间的相互承认，或者也会是那种将特殊定在的有限持存置于自由与勇敢的无限荣誉之前的民族个体，也会获得它想要得到的东西，即它的屈服，和它的独立性的中止。但是在前一场合，会通过一种协定出现和平，这种和平应当永久持续。

§. 447.

因此，外部国家法权部分地基于实定的条约，这些条约确定民族相互的权限，所以也是一些法权，但真正的现实性是偏离这些法权的（§. 443.）；部分地基于所谓的众民族法权，其普遍性原则一方面是被作为前提的各个国家的被承认存在，因而是限制彼此间此外未予约束的行动，以致和平的可能得以保持，另一方面是把各个个体作为私人个人与国家相区别，并一般以伦常为基础。

§. 448.

3）特定的民族精神由于它是现实性的，以及它的自由是作为自然，所以归根到底也是在时间之内，并具有它的现实性在时间中通过它的特殊性原则决定的一种发展，即具有一种历史。但是，作为有限制的精神，它转化入一般世界史，这种历史的事件表现出各个特殊性的民族精神的辩证法，表现出世界法庭。

§. 449.

这一运动是伦理实体摆脱它的特殊性而获得解放，在这些特殊性中，它在个别性的一些民族中是现实性的；这一运动是一种事业，通过它，精神对自己就变成为普遍性的精神，变成为世界精神。因为这一运动是精神的自我意识在时间中的发展，所以这一发展的个别性环节和阶段是众民族精神，但这些民族精神中每个民族精神作为个别性的和自然的精神却只能实行一个阶段，只能完成整体事业中的一项事务。

§. 450.

这种自由和这种自由的事务是最高的和绝对的法权。一个特殊性民族精神的自我意识是普遍性精神在其定在中当时发展阶段的负荷者，也是一种客观的现实性，这一精神把自己的意志置入其中。对于这一绝对的意志，其他特殊性民族精神的意志是没有法权的。但是，普遍性精神同样也越过它每次的所有物，正如它超过一个特殊性的阶段，并随之将这一所有物委诸其偶然和交诸它的法庭。

§. 451.

但是，因为这样一种事务作为行动是决断，从而它显得是一些个别性的人的作品，所以这些人从他们劳动的实体东西方面来看是些工具，而他们的主体性是活动的空洞的形式。因此他们通过自己在实体性事务上的个体性参与部分为他们自己已达到的，是光荣，光荣是对他们的报酬。

§. 452.

那种使自己的内容同它的个别性现实或它的自我意识一样，在死亡的恐惧中摆脱自己的有限性而获得解放的精神性实体，已经把它的自我意识提高到无限性，并在其中作为普遍性精神成为自己的对象，自我意识把这一对象作为它的实体来认知，以便同样摆脱恐惧而获得解放，并是符合于精神实体概念的现实性。|

第三部分.

绝　对　精　神.

§. 453.

精神的概念在精神中具有它的实在性。这种实在性作为绝对理念的知识之所以能够是处于与精神概念的完成的同一性之内，其中有一个必然性的方面：自在地自由的理智能够是把自己解放为自己的概念，以成为这一概念的尊严的形态。因此主观精神和客观精神可以被看作是实在性或实存的这个方面在其上完善发展自己的道路（§. 305.）。反过来说，这一道路也具有如下意义：主观精神被看作初始的东西，这种东西在自己的直接性中是非概念的，它在其中把握自己的本质，将其发展出来，以此为自己赋予自己同自己的本质具有的自由的同一性，从而为自己赋予自己的绝对的实在性。

§. 454.

因为主观的个别性在自己自由的外化中，即在个别性直接生命对伦理实体的持存进行着中介的否定中，主观的个别性现在已赋予自己以存在所具有的最高的内涵，从而把一个世界的一切定在，都看作一种无足道的东西和有待牺牲的东西，所以，伦理实体就获得了绝对力量的和绝对灵魂的意义，而且也既获得了自然本质的意义，又获得了精神本质的意义。

§. 455.

精神这一普遍和纯粹实体的分离，因而将它判断为它自己和一种知识，对于这种知识而言，这一实体是作为实体存在的。

a.
艺术宗教 .

§. 456.

这一知识的直接性形态是作为理想的绝对精神的直观与表象。

§. 457.

理想的意义是作为自然与精神的同一而具体的本质的实体性，这样的具体的本质被称为上帝。有关这一意义乃是绝对真理这一点的证明，是一种中介，通过这一中介，自然就扬弃自己为精神，而精神则通过自己的活动就扬弃自己的主体性为绝对精神，由此而把绝对精神认知为自己的最终的根据，继而认知为绝对初始的东西，因为这一中介在它自己本身同样是中介的扬弃，对立的扬弃（§. 71. 、§. 73. 、§. 104. 等）。

§. 458.

因为这一知识本身起初是一种直接的知识，就它把自己保持在直接性的这一规定性之内来说，连上帝的确定的形态对于这一知识来说起初也是一种直接定在的抽象的形态，一种元素性的或具体自然存在的这种形态或者对立的纯粹思维的这种形态。

§. 459.

但是，那种直接形态和这种无形态否定性的真理性、此岸和彼岸的真理性，是从精神中诞生的具体的形态，在这种形态中，自然的直接性仅仅是作为思想的标志，是摆脱自己的偶然性、并通过思想本身荣升为思想的表达，以致形态在本身除此之外并不显示任何其他东西。这就是美的形态。

§. 460.

就美一般乃是渗透着思想的直观或图像、并且是模范式的思想来说，它是某种形式性的东西，而思想的内容同它用于自己想象的材料一样，首先也可能是具有极为相异的性质。

§. 461.

但是，如果说形式在自己内具有自己的真正的内容，即那种贯通本身，具有在其绝对意义中的精神性实体（§.457.），那么由于这一知识在其中是直观活动与形象表象活动的直接性，形象就总还是有限的，这部分是就存在是一种直接的东西、因而是一种外在的材料而言，部分是因为内容因此而也只是一种特殊性的民族精神。|

§. 462.

这种实存之所以是把握理念的和使之达到外在表现的主体的产物，这点并不属于它的有限性，因为主体只是活动的纯粹形式性的东西，而艺术作品之是上帝的表现，也只有当作品中没有任何主观的特殊性的标志，而是民族的内寓的精神不带这类掺杂，不为其偶然性所污损使自己得到孕育并诞生出来。那种已贯穿着某个主体的痛苦与活动，并已达到形象形态的中介，是直接被扬弃了的。作品表现的是主体的实体，而那种临产痛苦正是主观特殊性的这种绝对外化和否定性。

§. 463.

但是，既然上帝的图像现在是作为直接存在于面前的，那么其他人的关系就在于为他们自在存在着的本质所推动，在崇拜中通过敬祷，在沉潜于思想中时外化他们自己的主体性，象征性地牺牲他们特殊的现实性，并在灵感和鉴赏中意识到他们与实体的同一性，而实体也因此失去了自己的外在形态，同样也把自己在实体性内仅仅是内在的主体性作为一种普遍性的知识向外移入定在之中。

§. 464.

但是绝对精神在世界史中扬弃了它的认知现实性的这种有限性，扬弃了它的理念的有限制的定在，这种定在同直观形式、直接知识和定在形式一样，自在而自为地转化为普遍性，转化为自身中介的知识，转化为一种其本身是知识的存在，转化为启示活动。

b.
受启宗教．

§. 465.

绝对精神在它的形态与它的知识这一被扬弃的直接性阶段，从而在反映的阶段，一方面是自然与精神的自在而自为地存在着的普遍性精神，另一方面它却是为表象的。绝对精神本质上是自己生命各环节的总体；因为知识的主体性是反映，它就为绝对精神生命的各环节赋予独立性，使它们彼此互相成为前提，成为彼此相随的现象，成为合乎有限反映规定的发生活动的一种联系。

§. 466.

在其分离活动中，反映把形式和内容分割开来，并在形式中把概念的不同环节作为特殊的领域或元素分割开来，绝对的内容则于其中的每一个领域表现自己。

§. 467.

1）在普遍性的环节内，在纯粹思想的领域或者本质的抽象元素内，绝对精神因此首先是被假定为前提的东西，是在因果性反映规定中作为实体性力量，是天地的创造者，但是，它在这一永恒的领域毋宁说只是把它自己本身作为它的儿子来产生，只不过其被产生或被设定同样完全是被扬弃了的，是概念的永恒的存在，正如其作为与普遍性本质有别的东西这一规定永恒地扬弃自己一样，通过这一扬弃着自身的中介的中介，最初的实体就只是作为具体的个别性了，这即是精神。

§. 468.

2）但是个体性一般会自己决心成为判断，在作为这种判断的特殊性的环节内，甚或又是在反映的环节内，这一具体的永恒本质是被假定为前提的东西，而它的运动是现实性创造，或中介、即那成一体的儿子的永恒环节分裂为独立的对立：即一方面分裂为天与地、元素自然和具体自然的对立，另一方面分裂为作为与自然发生关系的精神的对立，从而是有限精神的对立；有限精神作为在自己内存在的否定性极项使自己独立化为恶，而它之所以直接是这样一种极项，是通过它与一个对立的自然相关联，和与它以此设定起来的自己的自然性相关联。

§. 469.

3）在个别性本身的环节内，即主体性和概念本身作为普遍性与特殊性向其同一性根据返归的对立的环节内，作为普遍性实体的那个前提假定，α）就将自己表现成从其抽象被实现为个别性自我意识的，正如它把这一自我意识表现成是与本质直接同一性的，从而把恶表现为自在而自为地被扬弃的那样。进而这一直接性的具体化则成为亡逝于否定性的绝对痛苦之中的，并作为在这种否定性内与自己是同一的，因而作为绝对的回归和作为普遍性本质性与个别性本质性的普遍统一，从这一否定性变成了自为的，这就是那一作为永恒的、但有生命的和现实性的精神的理念。

§. 470.

β）这一总体本身因为还处于反映的领域，它就是自在存在着的总体或前提假定，而个体性主体性的分离和有限的直接性则与它相对立。对于个别性的主体性，那种最初的前提假定及其运动，起初是一种他物和被直观的东西，不过却也是其自在地存在着的真理性的直观，通过这种直观，这种有限的主体因自己直接的自然本性就把自己自为地规定为无足道的和恶的东西，因此依照自己真理性的范例，它是自己外化自己直接的自然规定性和固有意志的运动，并在否定性的痛苦中，在普遍的抽象中使自己与上述范例合一，且以此认识到自己是与本质同一的。这种本质 γ）通过这一中介作为内寓于自我意识的发挥着自己的作用，而且是现实的普遍性的精神。

§.471.

绝对东西的启示在表象的具体形态的一个圆圈行程中表现着绝对东西的生命，它从这些形态彼此离解着的独立性，从它们时间的和外在的连续序列中，在自己这一作为真理东西与现实东西的最终结果内，将它们聚合到普遍性的、单纯的和永恒的精神之内，在真理的这一形式内，真理是哲学的对象。|

C.
哲学.

§.472.

哲学是艺术和宗教的统一性，因为艺术的单纯的直观与实体性创造通过宗教的分离与中介现已被提高为自我意识的思维。在这一元素内，自我意识的理念把自己既从其最初的直接性中，又从其内容在宗教那里具有的事件发生的映像、偶然性及相互外在存在与相互并列存在的映像中清洗了出来。因此，这一知识是艺术与宗教的概念，在其内在那种内容中相异的东西是被认识为必然的，而这种必然的东西和直接的东西是被认识为自由的。

§.473.

这种关于绝对表象内容的必然性的认识，以及同样关于两种形式所具有的必然性的认识，即一方面是直接的直观及其诗意，另一方面则是那设定着前提的表象、客观的和外在的启示及信仰与之具有的内心同一化和主观的向往，同对内容与形式的承认及那种摆脱这些形式的解放一样，都发现自己已被完成，因为哲学终于把握住它自己的概念，也就是说，只是在回顾它的知识活动。

§. 474.

哲学的这一概念是对自己作思维的理念，是认知着的真理（§. 184.），或是具有下述意义的逻辑的东西，即这种逻辑的东西是在具体的内容内被证实的普遍性。科学以这种方式便回到了它的开端，而逻辑的东西是它的结果；它的概念的前提假定，或者说它的开端的直接性，以及它在其中于它曾具有的现象方面，是被扬弃了的。

§. 475.

这一现象过程首先由一种推理构成，这一推理把作为最初出发点的逻辑的东西当作根据，把自然当作中项，这一中项把精神和逻辑的东西联结在一起。逻辑的东西变成为自然，而自然变成为精神。处于精神及其本质之间的自然并不把它们两者分离为有限抽象的极端，因为推理是在理念之内，而自然本质上只是规定为通过点和否定的环节，但虽然如此，概念的中介还是具有转化活动形式的外在现象，而科学也是一种存在的科学。

§. 476.

这一现象过程在第二种推理中被扬弃了，在这种推理中精神是作中介的东西。这是那样一种推理，这种推理已经是精神本身的观点，精神以自然为前提假定，并把自然和逻辑的东西联结在一起。这里是理念中的反映的推理，科学现在是显现为一种主观的认识。

§. 477.

这些现象过程在哲学的理念中是被扬弃了的，这一理念以对自己作认知的理性，以绝对普遍的东西为自己的中项，这一中项把自己二分为精神和自然，使前者成为前提假定，使后者成为普遍性极项。作为这样的东西，自然直接只是一种被设定的东西，恰如精神在它本身也如此一样：不是前提假定，而是向自己内回归的总体。以这种方式，中项，即进行认知的概念，就是完全以那种作为概念各环节的环节作为自己的实在性，并是作为普遍性的、在自己的规定性内直接保持在自己的知识。|

译 后 记

若筑室之须基构，裁衣之待缝缉矣。——刘勰：文心雕龙

《哲学科学全书纲要》（国内习常简称《哲学全书》）是黑格尔的一部重要著作，是他用于自己讲课的教本，这一著作无论是在德国经典哲学中还是在整个西方哲学中，都无疑是一部重要著作。它是世界哲学庙堂里的一座纪念碑，是人类哲学思维的一块晶石。黑格尔在他生时自己亲自过手出版的大部头著作相对不是很多，总共有四部，这就是《精神现象学》（*Phänomenologie des Geistes*）、《逻辑学》（*Wissenschaft der Logik*）、《法哲学原理》（*Grundlinien der Philosophie des Rechts oder Naturrecht und Staatswissenschaft im Grundrisse*），还有就是《哲学科学全书纲要》（*Enzyklopädie der philosophischen Wissenschaften im Grundrisse*）。在这些著作中，《精神现象学》出版过一版（黑格尔一直想出新版，但未能实现），《逻辑学》出版过一版（黑格尔曾着手出第二版，但他在世时没有能看到告成），《法哲学原理》出版过一版，而《哲学科学全书纲要》则出版过三版，1817年出了第一版，1827年经修改扩充后出了第二版，1830年经过再次修改出了第三版。由此可见黑格尔是多么重视他这一著作，同时也可以看出这一著作在同时代就已经受到重视，在当时就已发生了重要的影响。

但是这一著作在黑格尔逝世后却有一段曲折的、在某种意义上可说是不那么幸运的出版史。黑格尔逝世后，他的一些学生和友人组成一个团体给他出了一个全集：*Werke. Vollständige Ausgabe durch einen Verein von Freunden des Verewigten*，这就是死者友人版。这一著作集除了一个补卷与附卷外，正式是18卷。通过友人版，人们立即就有了两种"哲学全书"，一种是黑格尔自己写的和动手出版的一本三版的"哲学全书"，一种是友人版编者取黑格尔《哲学科学全书纲要》1830年版而扩编成三大本书的"哲学全书"。为了把这两

种"哲学全书"区别开来，人们只得给后者一个名号，把后者叫作"Grosse Enzyklopädie"（"大全书"）。在友人版内，《哲学科学全书纲要》这一著作是与第 6 和第 7 卷有关。这就是说，它的第三版是被编收在了这两卷之内，而第 7 卷又被分编作两册。于是黑格尔原来整整的一本著作，完整的一本书，就被割裂膨胀成了三本书。这样做在局外人看来并非必要，但这在编者那里却是不得不然，因为编者对黑格尔这一著作的这一版大大地进行了扩充，以致难以容纳在一个卷本之内，不得不将之分编为两卷三本。编者进行扩充不是源自黑格尔的任何示意，因之把他的这一著作分编成两卷三本，这自然也不是黑格尔自己意愿的表达。编者不是把黑格尔这一著作的三个版本全都收入这个全集，而只是特意选取了这一著作的 1830 年第三版。编者扩充黑格尔这一著作是用对黑格尔原著上另外添加"Zusatz"、即"附释"的形式。这些附释的材料是取自黑格尔的一些手记和他的一些学生在听他上课时所做的笔记。

这一形式或方式此后对于处理黑格尔这一重要著作起了一种定向作用，开了一种先例，发生了一种长久的影响。1906 年勃兰德（G. J. P. J. Bolland）出的版本是以友人版为范式的。格洛克纳（Hermann Glockner）的百年纪念版《全集》（*Sämtliche Werke. Jubiläumsausgabe*）是以友人版为模式，是友人版的影印版，它照友人版的形式和方式在"哲学体系"这一统一的、同时极误人的标题下，把黑格尔的这一著作仍然编成三卷，分别列入第 8、第 9 和第 10 卷。正如珀格勒（Otto Pöggeler）所批评的那样，格洛克纳对于友人版的方式整个来说缺乏批判意识。不过格洛克纳版有一点和友人版不同，那就是它把黑格尔这一著作的第一版，即 1817 年版，也收了进去，编入了第 6 卷。这点令人高兴，因为黑格尔这一著作的第一版无疑具有自己的价值、特点和发展史位置，因而无可代替。罗森克朗茨（Karl Rosenkranz）说："这一最初的版本还包含着最初创作所具有的那种创造性气息。后来的各版在细节的发挥上，而特别是在有关进行争论和辩解的说明上，是变得远为详细了，但是为了从其集中的总体，如其以初始问世时的整个力量出现时那样，来把握黑格尔的体系，人们将必定一再回到这一最初的版本，因而也将必定再次重印它。"[①] "必定"在这里和"必须"相联系，含义可以互通，因为我们不能否认黑格尔哲学研究同样具有研究规范和

---

① 罗森克朗茨：《黑格尔传》，1844 年柏林，1977 年重印，第 306 页。（Karl Rosenkranz: *G. W. F. Hegels Leben*. Berlin 1844. Nachdruck 1977, S. 306）

研究逻辑。但按照黑格尔档案馆同事的考证，格洛克纳的影印本并不完全忠实于原本。

其实拉松版全集（*Sämtliche Werke.* Hrsg. von Georg Lasson）早已再次删去友人版所加的附释。它在第 5 卷内企图兼纳黑格尔这一著作的第二版和第三版，展示两版之间的变化，只是如同拉松在自己此前单行出的版本内所尝试的那样，这一设想也没有能够完竣。霍夫迈斯特版（*Sämtliche Werke. Neue kritische Ausgabe.* Hrsg. von Johannes Hoffmeister）对拉松版进行改组，但是这个全集也未能完成。霍夫迈斯特 1949 年出的"全书"本仍然是出在"哲学图书"范围内，并是以拉松在"哲学图书"内单行出过的版本为基础。通过这串参差交错的复杂过程形成了黑格尔这一著作的一个新的较规范的版本，这就是尼考林（Friedhelm Nicolin）和珀格勒（Otto Pöggeler）1959 年及其后又于 1975 年第七次在汉堡菲利克斯·迈纳出版社新出版的那个 1830 年版本（*Enzyklopädie der philosophischen Wissenschaften im Grundrisse.* 1830. Hamburg, Felix Meiner Verlag）。1970—1971 年出版的理论版全集（*Theorie Werkausgabe*）是由夏娃·莫登豪艾尔（Eva Moldenhauer）与卡尔·马尔库斯·米谢尔（Karl Markus Michel）编辑成的一个普及版本（*Georg Wilhelm Friedrich Hegel: Werke in zwanzig Bänden. Suhrkamp Verlag*）。它是一个在短促时间内完成的版本，是为满足当时的急需而出。它曾为适应当时的可能性做了一些新的努力。就黑格尔这一著作而言，它把黑格尔自己的本文同友人版编者加的附释明显地区别开来，并专门统称之为"口头附释"。但是，这个全集版依然是以友人版为基础，它把黑格尔这一著作的第三版如同先前那样分开来扩编，分编在第 8、第 9 和第 10 卷。在第 8 卷的封面上它的标题是 Enzyklopädie der philosophischen Wissenschaften I，在内封页它的标法是：Enzyklopädie der philosophischen Wissenschaften im Grundrisse (1830) / Erster Teil / Die Wissenschaft der Logik / Mit mündlichen Zusätzen；在 9 卷的封面上它的标题是：Enzyklopädie der philosophischen Wissenschaften II，在内封页的标法是 Enzyklopädie der philosophischen Wissenschaften im Grundrisse (1830) / Zweiter Teil / Die Naturphilosophie / Mit mündlichen Zusätzen；在第 10 卷的封面上的标题是：Enzyklopädie der philosophischen Wissenschaften III，在内封页的标法是 Enzyklopädie der philosophischen Wissenschaften im Grundrisse (1830) / Dritter Teil / Die Philosophie des Geistes / Mit mündlichen Zusätzen。这些尝试可谓用心良苦，但由于编者的目标和任务不在于是改变友人版成问题的做法和大的体例，所以友

人版带来的问题也就没有解决，而是如同斯内德尔巴赫（Herbert Schnädelbach）说的那样使之"重新明显起来"。^①解决这个问题的是新的黑格尔全集版"历史检正版"（Die historisch-kritische Gesamtausgabe）。它的详细的德文标法是：Georg Wilhelm Friedrich Hegel: Gesammelte Werke. / In Verbindung mit der Deutschen Forschungsgemeinschaft hrsg. von der Rheinisch-Westfälischen Akademie der Wissenschaften. In Verbindung mit der Hegel-Kommission der Rheinisch-Westfälischen Akademie der Wissenschaften und dem Hegel-Archiv der Ruhr-Universität Bochum. Hamburg, Meiner Verlag. 这个版本为解决友人版带来的有关问题，消除友人版具有的重大缺陷，断然采取如下路径：一）反对把黑格尔这一著作完整的一本书分编扩张成几本独立的书，把过去分别编成的我们习常所谓的"小逻辑""自然哲学"和"精神哲学"这三本书一概不收入新的全集；二）把黑格尔这一著作还原为一本完整的书；三）把黑格尔这一著作的三个版本完全出齐，分别各各编成一卷；四）整一地保留黑格尔自己在原版内的文字，而完全取消那些附释。简言之，恢复黑格尔这一著作的原书、原版和原文的原制。

这些做法并非一时之偶然，而是一个长期过程的结果。耶斯克（Walter Jaeschke）告诉译者说：拉松在1905年、1920年和1930年出版了"全书"的一个现行字体版本，是在菲利克斯·迈纳出版社的"哲学图书"系列内出的。这个版本的特点是拉松不再印出利奥珀尔德·封·海宁格（Leopold von Henning）版本的"附释"。不过，卡尔·罗森克朗茨在1845年时就已经不那么做了。霍夫迈斯特在1949年继续了这一传统，而后来就是尼考林与珀格勒1959年的版本。那些做法和新的全集在出版学上所采取的一般原则一样，在德国是得到了普遍承认的。译者也认同有关原则和与之相应的那些做法，由此而产生了自己翻译黑格尔这一著作的心愿，逐步来加以实施，经过多年的等待，终于可以依据新的全集版的体制和正文翻译出黑格尔这一伟大著作的三个版本。译者翻译黑格尔这一著作的1817年第一版是依据新的德文全集的第13卷（Georg Wilhelm Friedrich Hegel: Gesammelte Werke. Band 13. Enzyklopädie der philosophischen Wissenschaften im Grundrisse: 1817, unter Mitarb. von Hans-Christian Lukas und Udo Rameil, hrsg, von Wolfgang Bosiepen und Klaus Grotsch. Felix Meiner Verlag

---

① 　H. 德吕厄等:《黑格尔的哲学科学全书——对体系纲要的一种评介》，祖康出版社，2000年，第12页。（*Hegels Enyzklopädie der philosophischen Wissenschaften (1830)*. Ein Kommentar zum Systemgrundriß, von Hermann Drüe, u. a. Suhrkamp, 2000, S.12 ）

Hamburg, 2000. ），翻译黑格尔这一著作的 1827 年第二版是依据新的德文全集版的第 19 卷（Georg Wilhelm Friedrich Hegel: Gesammelte Werke. Band 19. Enzyklopädie der philosophischen Wissenschaften im Grundrisse: 1827, hrsg, von Wolfgang Bosiepen und Hans-Christian Lucas. Felix Meiner Verlag Hamburg, 1989. ），翻译 1830 年第三版是依据第 20 卷（Georg Wilhelm Friedrich Hegel: Gesammelte Werke. Band 20. Enzyklopädie der philosophischen Wissenschaften im Grundrisse: 1830, unter Mitarb. von Udo Rameil, hrsg, von Wolfgang Bosiepen und Hans-Christian Lucas. Felix Meiner Verlag Hamburg, 1992. ）。

　　这样做当然不是完全否认友人版和格洛克纳版的贡献。事实上在黑格尔去世后人们了解和研究黑格尔哲学，研究他的这一著作宁可说大都是依据它们所提供的文本。特别是对于非德国的研究者、翻译者和学习者，则当更是如此。原因很简单，人们不容易看到黑格尔在世时的原版。这同时也表现出一种不得已的处境，表明这只是一种权宜之计，而非乐于为此，表明那只是方便之法，非是当然之途。如果说那类做法对于专家们来说似乎不大会构成问题和难题，如果说经过说明事情对于一般读者也可以明了，但那类做法也还是不能全然避免带来困难和混乱，仿佛黑格尔的《哲学科学全书纲要》就是那个样子，仿佛它原就是由所谓的"小逻辑""自然哲学"和"精神哲学"那三大本书所构成，仿佛那些"附释"是黑格尔自己的文字，至少似乎是符合黑格尔自己的想法。斯内德尔巴赫就断然批评说，格洛克纳用这三本书表示黑格尔的"哲学体系"导致了"几乎所有的读者都曾以为真也是那样"。[①] 有时事情不只是会对于一般读者成为麻烦，引致误解，而且甚至会使专家们也伤脑筋。黑格尔档案馆负责在新全集内编辑这一著作的路卡斯（Hans-Christian Lukas）博士生前就曾亲口用"kopfschmerzmachend"（令人头疼）这一说法来形容他的感受。

　　"小逻辑"这一名号可以说就是一个不大不小的例子。这一名号起因于一种需要，为了把黑格尔在《哲学科学全书纲要》第一部分（或第一篇，或上篇）内讲的"逻辑学"，同他 1812—1816 年期间已经单行出版了的两大册专著《逻辑学》区别开来，人们把前者除了叫作"全书内逻辑"（Enzyklopädische Logik）外也叫作"小逻辑"（Kleine Logik），而把后者相应叫作"大逻辑"（Grosse

---

　　① H. 德吕厄等:《黑格尔的哲学科学全书——对体系纲要的一种评介》，祖康出版社，2000 年，第 12 页。

Logik）。有的更心细的人在使用这两个叫法时还特意加上一个形容词"sogenan-nte"或者这个词的缩写"sog."，这样"小逻辑"和"大逻辑"就被标示成为"所谓的"小逻辑和"所谓的"大逻辑。可是烦扰人的是，如果说"大逻辑"是确定地指称后者，那"小逻辑"在有的人那里就未必是用来指称前者了，而也可能是指友人版编者自己抽取黑格尔在《哲学科学全书纲要》这一本书第三版内讲逻辑的部分、经过扩充所编成的那一本书了。这在中国尤其如此，在中国这几乎成了无须置言的习惯。但是当我们听到和看到有谁人用"小逻辑"这一名号时，我们不得不进而问问这时所指的到底是哪一个对象。

这一区别方式似乎可以凑付解决问题了。可是也未必然。贺麟用的是"小逻辑"这一名号，他在1954年的"译者引言"内说："本书是自黑格尔著"哲学全书"中第一部"逻辑学"译出。这书讲黑格尔哲学的人有时称"全书本逻辑学"，有时称"小逻辑"，以示有别于他的较大的两厚册"大逻辑"而言。此册译本称为"小逻辑"，取其方便易于辨别。小逻辑或大逻辑是后人用来区别这两种逻辑学的名词，并不是黑格尔原来的书名。"[1] 这里对"小逻辑"这一称谓的用法是双义的，因为贺麟所翻译的直接是友人版以来所编辑成的那一本书。贺麟用"小逻辑"这一称谓把他所译的这本书和所谓的"大逻辑"区别了开来。他的这一区别方式并没有被杨一之接收，并相应加以贯彻。杨一之把他的译本不是标作"大逻辑"，而是标作《逻辑学》。[2] 他这样做是直接从他所译的黑格尔原著的书名"Wissenschaft der Logik"本身出发，无疑是合适的，并且也能够和贺麟名之为"小逻辑"的译本明白地区别开来。但是他用的这个中译书名看来也不是所有的同行都愿意接受。在张慎主编的《西方哲学史·德国古典哲学卷》内，杨一之翻译的黑格尔那一巨著的书名她是译作"逻辑科学"。[3] 这一译法也应当看作是对的，只是比杨一之的译法显得要拖长一些，读来有点不大利落。但是，如果说杨和张的译法是对的，那按理说就应当也能够用到黑格尔的《哲学科学全书纲要》有关部分的标题的相应组成部分的翻译上去，因为黑格尔在他这一著作的有关部分的标题是"A. Die Wissenschaft der Logik"，或"Erster Teil.

---

[1] 黑格尔：《小逻辑》，贺麟译，商务印书馆1980年，第2版第5次印刷。译者引言，第 i 页。

[2] 黑格尔：《逻辑学》，杨一之译，商务印书馆，上卷1974年，下卷1976年。

[3] 《西方哲学史》，学术版，第六卷；《德国古典哲学》，张慎主编，江苏人民出版社2005年版，第510页。

Die Wissenschaft der Logik"。然而如果说这一连贯性是可取的，甚至是当然的，那也还没有解决国人中所谓的"小逻辑"这本书的书名译法问题，而毋宁是把这个问题突显出来，使我们所谓的"小逻辑"一书的标名问题成为麻烦，陷入尴尬。

　　梁志学在他那个"小逻辑"中译本上没有正式采用"小逻辑"这个标法，他认为那是"俗称"。他在他的"译后记"内特意专门谈了有关"书名问题"。就中他写道："出于对学术规范的考虑，我认为应把这本著作的中译书名改为《哲学全书·第一部分·逻辑学》，而且新俄文译本（莫斯科，1974 年）就是这么做的。这样解决书名问题，既可以在文字上把《哲学全书》里的逻辑学著作与《哲学全书》外的逻辑学巨著区别开，也不妨碍在口头上仍然使用那类俗称，而最重要的是恢复了黑格尔发表的原版著作的书名。"[1] 梁志学明确地告诉读者，他是在谈书名，在解决书名问题。如果梁志学这里所说的"这本著作"是指他自己翻译的那一本书，那就不宜简单地把它等同于"《哲学全书》里的逻辑学著作"，而是从友人版编者起编辑扩展成的、百年纪念版和理论版编者原则上延续的那一由他人加于黑格尔名下的逻辑学本子，而这样一来他所提倡的《哲学全书·第一部分·逻辑学》这个中译书名，其所能够做的也顶多是创立出来用以标示这个逻辑学本子，以此也顶多是能够使之同"《哲学全书》外的逻辑学巨著区别开"，但却同黑格尔自己的"《哲学全书》里的逻辑学著作"对不上号，因为黑格尔自己的"《哲学全书》里的逻辑学著作"本身并不是他所翻译的那个逻辑学本子，其本身只是一本书的一个部分，而根本不是一本"书"，本身当然也就没有"书名"，故而本身也不存在书名问题，故而也不存在要靠他人之手来恢复书名的问题。

　　这样，我们现在按照梁志学的建议事实上只是在友人版编者编出的那本书上有了《哲学全书·第一部分·逻辑学》这一中译书名（它在他的译本封面上的标法是"逻辑学　哲学全书·第一部分"，在另一个地方又是"哲学全书·第一部分·逻辑学"，在第三个地方径直就是标作"逻辑学"）。可是梁志学用这样的书名是把问题解决好了，还是使问题复杂化，变得更加混乱了？梁志学说他的中译书名"最重要的是恢复了黑格尔发表的原版著作的书名"。这里梁志学说

---

　　① 黑格尔：《逻辑学　哲学全书·第一部分》，梁志学译，人民出版社 2002 年，第 1 版第 1 次印刷，第 406—407 页。

的是"黑格尔发表的原版著作的书名"，这样他这里所说的"黑格尔发表的原版著作"理当是指黑格尔发表的原版"书"的"书名"了。如果他所说的"黑格尔发表的原版著作"是指黑格尔自己的"哲学全书"这本书，那么黑格尔自己的"哲学全书"这本书的书名却绝对不可以称作和译作《哲学全书·第一部分·逻辑学》，因为这本书的书名是"Enzyklopädie der philosophischen Wissenschaften im Grundrisse"。这个书名可译作《哲学科学全书纲要》（或译作"哲学各科大全概要"之类）。由于这些中译书名读起来有些别扭，也不妨在大家通盘讨论和安排之前权且如同国人现在已经习惯了的那样简称作"哲学全书"，但这不过是在国人当中简化了的替代性的叫法而已，仅仅是国人当中的一个"俗称"，而绝非意在恢复黑格尔的原版著作的书名，也绝非真的能够恢复黑格尔的原版著作的书名。而更重要的是黑格尔原版著作的书名显然断不能译作"《哲学全书·第一部分·逻辑学》"。就这点而言梁志学提倡的"《哲学全书·第一部分·逻辑学》"这一中译书名就不是"恢复了黑格尔发表的原版著作的书名"，而是恰恰改变了黑格尔发表的原版著作的书名。他这个中译书名仅仅是沿袭国内现有俗称、简称或代称，作为自己三个构件中的一个构件，而不能表达原称。他这个中译书名内的其他两个构件"第一部分·逻辑学"倒是适合作为对黑格尔《哲学科学全书纲要》1827 年第二版和 1830 年第三版中论述逻辑的那个部分所加标题的中译，但它们对于 1817 年第一版的相应部分就不适宜了，因为这一版的有关篇名标题是"A. Die Wissenschaft der Logik"，它尚还未被黑格尔修改成"Erster Teil. Die Wissenschaft der Logik"。不过必须立即加以说明的是，这些场合在黑格尔自己那里仅仅是一本书之内的一个"部分"或一本书之内的一个篇章的标题，而非一本"书"的标题或"书名"。假使人们现成地沿用国人简化了的中译叫法真的从梁志学作出的"《哲学全书·第一部分·逻辑学》"这个书名来循名责实，那人们到达的终点则最多可能是黑格尔《哲学科学全书纲要》原版 1827 年和 1830 年版内给其逻辑学部分所标的标题，而不是"黑格尔发表的原版著作的书名"，并且进一步说这却又并非是梁志学所翻译的那一本书，亦即由参与友人版的海宁格负责编辑出版的那本书，那本我们国人中迄今"俗称"作"小逻辑"而指向的书。不是像其他人（包括友人版编者）那样试图把两种所谓的"哲学全书"区别开来，设法标明他所翻译的友人版式的逻辑学不是黑格尔自己"哲学全书"原版内的逻辑学，梁志学是通过自己给前者选取附加一个书名企图去恢复黑格尔原版著作的书名，并且还把这看作是"最重要的"，这难免近乎是制张公之帽而掇于李公之头，叫人不解，令人了无头绪。此外，假使中国读者于他译本的正面封面上从他"逻辑学　哲学全书·第一部分"这个书名无意地仅仅是注意到以大字体高高单列突出标出的"逻辑学"这一构件，那人们就可能走入他这个"逻辑学"和杨一之早已翻译出版了的那个《逻辑学》相碰撞的局面。梁志学自己的中译本在封面书脊处所标出的书名就恰恰仅仅不多不少地是"逻辑学"三个大字，并非如同他所提倡的那样把书名标作是"《哲学全书·第一部分·逻辑学》"，在这种情形下碰撞就还会是必然的，甚至可以说在这里碰撞事实上已然就直接发生了，在这里梁志学自己就和杨一之的译本碰撞了，把他的译本书名和杨一之的译本书名完全混同起来，以此而把两个必须区分开来的译本混同为一。如此看来国外同行已经知晓的和通用的"《逻辑学》""大逻辑"和"全书内逻辑""小逻辑"的区分方法，国内贺麟与杨一之作出的"《小逻辑》"和"《逻辑学》"的区分法，相比之下反倒显得简单易明一些。

　　这里问题和困难的症结在于黑格尔自己写成并经手出版的"哲学全书"并不是他去世后那些人假手给他编辑和出版的"哲学全书"，在于黑格尔自己不曾写过和出版过那些人给他编辑和出版了的那本关于逻辑学的书。在这个意义上无论按照出版学规范，还是按照学术规范，后一本关于逻辑学的书就实在不能像友人版编者标示的那样是"乔治·威廉·弗利德里希·黑格尔的"著作，更不宜把它说成是"黑格尔的代表作"，尤其不宜把它说成是"经典名著"，[①] 不宜像梁志学那样把它认定为一本"古典著作"。[②] 由于人们不是严格按照规范恭恭敬敬、老老实实地编辑和出版黑格尔自己的那一整本三版的原著，而是坚持要编辑和出版自己给黑格尔编凑成的那三本书，并把自己编凑的书当作规范的版本，甚至以为优于黑格尔自己的原书和原版，这就不能不给自己、特别是给别人惹来麻烦。人们不想停止倒帮忙，停止越俎代庖，停止移梁换柱，于是发生了撞车问题，弄得和黑格尔自己写成和经手出版的"哲学全书"发生了撞车问题，弄得同黑格尔"哲学全书"内第一部分讲的逻辑学（或人称的"全书内逻辑"，或"小逻辑"）、同黑格尔的专著《逻辑学》（人称的"大逻辑"）碰在了一起，

---

①　见 2003 年 1 月 8 日《中华读书报》发表的文章《黑格尔〈小逻辑〉新译本出版》。

②　黑格尔：《逻辑学　哲学全书·第一部分》，梁志学译，人民出版社 2002 年，第 1 版第 1 次印刷，第 406 页。

于是产生了将他们编辑出版的那一套三本的书同黑格尔自己的一本三版的书区别开来的额外课题，产生了将黑格尔《哲学科学全书纲要》内第一部分或第一篇讲的逻辑学、将黑格尔自己已经独立出版的《逻辑学》这一专著，同他们编辑扩充成的那个逻辑本子区别开来的额外课题。这些课题虽然也许可以说在一定的程度上是解决了的，但令人可以满意的解决，得到大家的公认、从而能以统一的解决，却一直没有找到，而且也不可能找到。情形是麻烦依然还是存在，混乱和误解仍然在产生。这一问题和麻烦的产生原本就只是人为地造成的，是无意义的。问题的解决只能是从造成问题的地方做起，那便是抛弃友人版编者的那种做法，全面恢复黑格尔亲手写成和亲自参与出版的原著、原版的权威与制式。

这样做并非是完全否认友人版编者所加那些"附释"所起过的作用，否认它们曾带来好处。它们确曾帮助人们更多地了解黑格尔的有关想法和说法，特别是能够减轻读者阅读和理解黑格尔自己的有关正文部分时的一些困难。贺麟关于这一点曾写道："纲领性的正文常有难懂的地方，翻译起来也比较困难。我们如果认识到［说明］与'附释'在不同意义上对于正文都有补充解释的作用，并有明白晓畅、联系实际的特点，那末，对于纲要性的简短紧凑的正文，也就比较容易理解了。"① 但是我们今天已经能够清楚知道，附释所具有的长处，和它们帮助读者的作用，都不能改变它们的根本缺陷，不能改变它们被附加进来自始就是不合体统的，自始就具有一个适宜性或"合法性"问题。在道义上有个尊重自己老师和友人的问题，特别是在这位老师和友人已经逝去的情况下。在出版学上，首先就有一个版本处理问题，特别是著作权和授权的问题，② 在学术上会有一个是否有能力同黑格尔这样的思想家与著作家并立的问题。假使说友人版的那种做法是出自好心，因而这些问题或者可以看作并不是问题，或者可以忽略不计，那么有意改动黑格尔的文字就不能使人继续信任，使人原谅和继续听而任之了。在这方面附释的编者非常使人失望，使我们今天不再能够有过去那种信赖感。耶斯克认为，黑格尔学生的那种做法使黑格尔的"构想"（原文

① 黑格尔：《小逻辑》，贺麟译，商务印书馆1980年，第2版第5次印刷。新版序言，第 xiv 页；参见译者引言，第 ii 页。

② 编辑出版友人版这原是同黑格尔家的一项合作项目，友人版编者的那类做法是违反了同黑格尔家的协议的，这使黑格尔夫人很是失望。亚默（Christoph Jamme）对友人版编者的批评之一是指向他们违约和越权。

是用"Konzeption"一词！）几乎已毁坏殆尽，[①] 而尼考林和珀格勒则写道："通过加进附释，'全书'就已全然失去了一个哲学'纲要'和一个讲课教本的特性。在全集版内不只是收入这一概要的文本，而是也收入那些依照各版概要所作的那些讲演录，这一尝试就其本身来说当然是很有意义的，'全书'就其整个的设想的确就让人注意到要有有待口头进行的解说。但是，尤其更多需要提出反对的是黑格尔的学生们试图把讲演录构筑在'全书'之内的那一形式。假如不是让那些讲演录膨胀成一种漫无头绪的作品，而是把有关讲演录单分开来加以编辑出版，事情当初就会是有意义的了。此外须得注意知道的是，这本书的 1827 年和 1830 年版并非曾是黑格尔关于'全书'和它的诸个部分的大多数讲演的基础，而乃是 1817 年的初版如此，这一版具有其还完全是另一种的章节区分。把出自这期间年份的这些讲演发挥径直归属到这些年以后分的章节下，这是全然成问题的。可是黑格尔的出版者们还一般地是把所有年度的讲演不加区别地放在一道处理。的确地，米希勒给自然哲学甚至把黑格尔的耶拿体系草纲也拉扯了进来。"如果说这些方面还只是擅立系统，自造体例，杂乱无章地随意处理有关素材，是属于越俎代庖和随意炮制之列，那么下述情节就迹近偷梁换柱了。尼考林和珀格勒继续写道："此外，编辑出版者们还自己许可自己来作极尽不同的改变，特别是在第二和第三部分，甚至在全书印成的文字上以修饰润色为理由这样做。精神哲学的第一篇包括有 105 节，按照篇幅有该书的差不多五分之一，即以这一篇就包含 150 多个这类的干预，这些处置改变了原来的文字含义，这并非稀少场合。这样一来这个'全书'版本在许多处就完全不再有黑格尔的本文。"[②] 尼考林和珀格勒讨论了友人版编者们那样行事的原因，指出那和他们对黑格尔体系的看法与态度有关，和他们自己在哲学上的取向有关，但是他们把自己的操作和干预当作"改进"除了怀有派别争竞的考虑，也还流露出自己的虚狂的愿望，想以之来和黑格尔并列，树立自己，甚至突出自己，例如包曼（L. Boumann）在他给友人版精神哲学写的前言内竟然就这样来进行表

---

①　耶斯克：《黑格尔出版的问题与状况》，载《哲学通论杂志》，1980 年第 5 期，第 53 页。（W. Jaeschke: Probleme und Stand der Hegel-Edition. In: *Allgemeine Zeitschrift für Philosophie*, 5 [1980], S. 53）

②　黑格尔：《哲学科学全书》1830 年版，汉堡菲利克斯·迈纳出版社，1969 年，导论，第 XLV 页。（*G. W. F. Hegel: Enzyklopädie der philosophischen Wissenschaften 1830*, Felix Meiner Verlag, Hamburg 1969, Zur Einführung, S. XLV）

述：但愿黑格尔的精神哲学同他学生们关于同一对象的著作并列，能有权拥有一个充满光荣的席位！^① 说愿学生们的著作和黑格尔的著作并列能有一光荣位置，这已经就足够缺乏自知之明了，现在却还说愿黑格尔的著作同学生们的著作并列能有权拥有一光荣席位，这不是自广自大，不是种颠倒吗？对此人们能说些什么？人们真须借用拜耶尔（Wilhelm Raimund Beyer）的话来说黑格尔是死了，"Hegelei"——"黑格尔滥"——开始了？

译者翻译黑格尔这本书的三个版本，目的之一是试图以这一方式在可能的范围内来表现黑格尔这本书原来的制式，和原来的样子，即在那种不构成语言和文字壁垒的范围内这样尝试。译者知道，就是在这一限定下，如果认真来推敲"原来的样子"这一说法，那也会涉及许多许多问题，所以只能姑且用之，将之限定在作几点说明。第一点是，这一翻译展示出所谓的"哲学全书"原是一整本的书，它出版过三次，不是一次完成的三大本的书。第二点是，这整一本的书，在每次出版时，都包括三个部分，逻辑学部分、自然哲学部分和精神哲学部分，因此这是一本书的三个部分，而不是三大本的书。第三，这同一本书的三个版本，互相有同，也有不同，而所谓不同，既有很大的不同，也有很小的不同，直到细腻之极的不同。第四，译者力求遵循的准则是：同者使同，异者使异。

从第三点完全可以构成一大专门研究课题。这一课题之重要在于涉及黑格尔的思想是否是一个发展的过程，他的体系是否有一个演化的过程，他的体系是否在"哲学全书"内达到了所谓的"终点"？译者以为，我们有根据把黑格尔的体系理解为一个过程，而"哲学全书"是过程的一环，它本身就表现出是一个长过程，而且并没有把自己封闭起来，如果"封闭"意味着设计就此最终止步，意味着自己取消了自己内在的发展可能性与必然性的话。对于展示这点，用《哲学科学全书纲要》这一著作的三个版本，总比仅仅用它的第三版一个版本要有力得多，首先是有道理得多。但由此也就不难理解，人们为什么要单单挑选第三版来表现黑格尔的体系。事实上，人们单单挑选第三版来表现黑格尔的体系，乃至表现"哲学体系"，正是意在突出黑格尔体系的完成，而非注重黑格尔体系是来自一个过程，同时仍然处在一个过程之内。我们现在至少知道，

---

① 黑格尔：《哲学科学全书》1830年版，汉堡菲利克斯·迈纳出版社，1969年，导论，第XLVI页。

黑格尔自己对于这个"顶峰"的态度是一体两指的，是既满意，又不满意。从他 1822 年 7 月 30 日写的一封信里，我们看到他给自己确定的目的是 "auf die Erhebung der Philosophie zur Wissenschaft hinzuarbeiten［致力于把哲学提高成为科学］"。这无疑是一个巨大的纲领，而巨大的纲领必然意味着巨大的、坚持不懈的劳作，绝非一个人所能完成，更不要说一本书的一个版本。正是从这一目的出发，黑格尔在这封信中诚实地认为他的著作是不完善和不完全的，"全书"的第一版很是需要修改。[①] 这同时可以一般地解释，为什么他要一而再、再而三地出版他这本书，尤其是为什么一而再、再而三地进行修订。他修改这本书近乎不可自已，不可抑止。他在修改第一版讲逻辑的部分的那个" Vorbegriff［引论］"时，他的修改法几乎会导向写成一本书，因而不得不从头更张。[②] 这可谓对于修改的修改。他的困难在于尽量少去改动，尽力避免作详细发挥。他把详细改动与发挥看作是一种"主要的缺点"，因为这使内容与"全书"这一名目不相称。[③] 在这些地方我们再次可以看到，友人版的编者给黑格尔这本书加上长长的"附释"，将之扩展成三大部头的书，这是多么文不对题，是多么违背黑格尔本人的初衷，是多么有违事情本身的规范。那种做法无疑意味着以一种非常的规模去扩大和强化黑格尔本人力求避免与力求克服的主要缺点。

　　不过，我们在这里还是需要强调说明黑格尔认为自己的著作并非到临"绝顶"，而是认为还不完善和还不完全。黑格尔在他这本书的第二版序言内说："我以我的种种哲学劳作一般地曾所致力的、并且仍在致力于的，是真理的科学认识。"[④] 这句话不仅表达了黑格尔的哲学观，而且也表明了他对自己哲学工作的自我理解和自我界定，表明他的工作"致力于"什么。他这句话的原文是："Worauf ich überhaupt in meinen philosophischen Bemühungen hingearbeitet habe und hinarbeite, ist die wissenschaftliche Erkenntnis der Wahrheit［我以我的种种哲学劳作一般地曾所致力的、并且仍在致力于的，是真理的科学认识。］"值得留意的是这里他所用的动词再次是"hinarbeiten"，在"arbeiten"字头加有前缀

---

　　① 《黑格尔往来书集》，第 2 卷，汉堡，第 329 页。（ *Briefe von und an Hegel.* Hamburg, Bd. 2, S. 329 ）

　　② 《黑格尔全集》，第 19 卷，1989 年汉堡菲利克斯·迈纳出版社，第 440 页。（ Georg Wilhelm Friedrich Hegel: *Gesammelte Werke*, Band. 19, 1989 Felix Meiner Hamburg, S. 440 ）

　　③ 《黑格尔往来书集》，汉堡，第 3 卷，第 126 页。

　　④ 《黑格尔全集》，第 20 卷，1992 年汉堡菲利克斯·迈纳出版社，第 5 页。参见我们的 1827 年版译本"前言"第 1 页与 1830 年版译本"前言"第 1 页。

"hin"，而加有"hin"，就相应产生"hin... auf..."这一关联，判然表明主语的动作是从主语向外或向前，向某个东西上而去。于是事情的重点就不单单是他在劳作或努力，而是往一个方向、朝一个目标劳作；重点不再仅仅是一般的努力，而是致力，是致力于什么，是努力向着那所向的东西。同时，黑格尔不只是用了这个动词的现在完成式，而且特意紧接着就强化地用了它的现在式，以便表明他现在也在致力于对真理的科学的认识。我们还想就这一机会说明，黑格尔这样想和这样做，并不是唯一特例。对于他的《逻辑学》这一逻辑研究史上划时代的著作，黑格尔自己并不认为已经完美无缺，而是依然面临巨大的课题。他也曾修改他这一著作，准备出第二版。在第二版序内他谈到自己这一逻辑学大作的不完善性，在序的结尾处他提到柏拉图曾 7 次修改自己论国家的著作这一故事，说回想这个故事可以推动人产生一种愿望，但愿对于一种具有《逻辑学》那样性质的著作能以提供一种自由闲暇，提供一种宁静思维的空间，来"es siebenundsiebzigmal durchzuarbeiten［对之进行 77 次透彻加工］"。[①] 这里我们看到的是他对哲学伟大任务的清晰意识，看到的是他力求完善再完善的心愿，是他对时代喧躁的忿怨和自己欲完善而不能的感叹。黑格尔这个序言注明是在 1831 年 11 月 7 日写成。这是他去世前一礼拜。他于 1831 年 11 月 14 日逝世。可以说黑格尔是在深切渴望有机会完善自己的著作与事业中离开那个充满虚浮喧闹的时代的。

　　按照新的全集内这一著作 1827 年第二版的"编辑说明"，黑格尔对这本书的修改和扩展，使这本书从它 1817 年的第一版到 1827 年第二版几乎扩展了一倍。第一版原书有 304 页，到第二版成了 578 页。整个印张数目从 19 增加到了 36。这本书从 1827 第二版到 1830 年第三版显得似乎没有太大的变化，但实际上并非初看起来那么简单。按照新的全集内这一著作 1830 年第三版的"编辑说明"，黑格尔起初曾打算不做重大的改变和扩展，但他这里恰恰想得不现实。结果是第三版的印张数达到了 41，比第二版多了 5 个印张，终于还是比预先计划的要拓展得多。黑格尔在给哥塞尔（K. F. Göschel）的信里讲到他在细节之处试图作了许多改善。[②] 其实他的改动并不是仅仅限于细节之处，而是包含有重要的变化。就算是细节之处，其数量也足够之大。拉松所标出的变化有 3600 个，但

---

① 参见黑格尔：《逻辑学》，杨一之译，商务印书馆，上卷，1974 年，第 21 页。
② 《黑格尔往来书集》，第 3 卷，汉堡，第 322 页。

这只是涉及他所理解的重要的变化，而且正如我们前面说过的，他并没有实现他的设想。[1] 新全集内这版的"编辑说明"说编者用5953个标注标示变化之处。[2] 我们在此必须立即说明的是，每个标注并不是仅仅表示一个变化，而常常是多个变化。在这成千上万的修改当中编者同时指出黑格尔替换一些词是用恰恰具有对立涵义的词。[3] 总之，黑格尔这本书的三个版本之间包含着意义重大的、数量庞大的变化。

对于这本书三个版本的编者来说，这里产生的任务之艰巨是我们通常难以想象的。借用尼考林和珀格勒的话来说，这乃是一个自身不允满意加以解决的课题。对于他们那种天使般的耐心和金刚式的毅力，我们不能不表示佩服。对于译者来说，翻译这本书的三个版本除了一般的困难外，最大的困难恰恰来自黑格尔在三个版本之间作出的修改。译者有义务表现黑格尔的修改。但其艰难的程度却出乎译者意料。首先必须在三个版本中看到在什么地方存在变化，和看到存在什么样的变化。在这方面黑格尔档案馆的同事波希鹏（W. Bosiepen）和路卡斯在第二版和第三版之间作出的那近六千个标示帮了大忙。只是译者仍然须得在两个版本的正文内找出那些变化，比较那些变化，搞清那些变化的意思。译者看到即使是这两位同事，也有没有标示出的地方。原因非常简单，这一工作近乎是非人力所可完满成就的。即使是作者自己，也未能避免在第三版上留下第二版内第 301 节已出现的一个涉及内容的差错。这原因也简单：人的眼睛有盲区，人的头脑有断续，人写字会有笔误。但是，更加困难的是在译文中把黑格尔的三个版本间的变动表现出来。译者在前面说自己的原则是同者使同，异者使异。但是原则和实践之间有段长而曲折的路，只能艰难行进，近而不尽。实践和实现之间也一样。这里存在非常多样的场合。最轻松的是完整地增加和减少一整部分，一整段，或者一整句。但这种可能为数不那么多。即使是同者使同，常常也不那么容易。可能出现一种情形：某一节的文字是从书的其他较远的地方移过来集合而成，如果不小心现在译出的字句就会和在相应的其他地方译得不同，这必然会导致误解，好像作者在这一节有不同的表达，或

---

① 黑格尔:《哲学科学全书》，1830 年版，汉堡菲利克斯·迈纳出版社，1969 年。导论，第ⅩⅬⅧ页。

② 《黑格尔全集》，第 20 卷，1992 年，汉堡菲利克斯·迈纳出版社，第 594 页。

③ 同上书，第 595 页。

者作了修改似的。但最可怕的是在一部分，在一节、一段、甚至一句内参差交错与往来交织地进行修改。为了显示出这种的变化，不能不绞尽脑汁，伤透脑筋，在有的地方最后甚至把黑格尔修辞上改进的地方在译文中变成了退步，为了适应作者的改变，有时不能不把本来觉得已经翻译得挺不错的地方改成在中文上自己也不再满意的表达。由于这些艰辛，这些遗憾，译者曾几次准备放弃进行这一翻译，只是由于其他动因才得以能够坚持下来，而且渐渐地从翻译中体味到一种乐趣，体会到这一翻译是一绝好的学习机会，可以锻炼意志，可以培养耐心，可以调节和发展自己的语言文字表达能力，其中包括德语能力。这是一种畅心的感觉。

　　但更主要的收获是看到自己以前在黑格尔那里没有认真注重的一个方面，即他在自己语言上所下的功夫，和这一方面同他的哲学造诣的内在关系，尽管自己非常欣赏他在《精神现象学》序言里的有关精彩论述，尽管知道他有一个宏愿是欲通过教人用说德语来探讨哲学，尽管知道伽达默尔高度评价黑格尔在哲学语言缔建与发展中的贡献。在哲学语言上他排除随意性，是使自己服从语言，而不是使语言服从自己。译者在见到他作那些修改时常常感动不已，头脑里总是不能摆脱去想：那到底是为什么和为了什么？问题的一个方面也许正在于《周易·系辞上传》所说书不尽言，言不尽意，或者如同伽达默尔所说的是"语言的界限"，由于语言的界限，每一个言者在他寻找正确词语的每一个时刻，都同时具有这种意识：他不是完全遇到了它，因此总是存在一种企求达到中肯语词的渴望，而这也正是语言的真正的生命和本质。[①] 黑格尔那里有一"境界"值得我们向深入方向探究。这位伟大的哲学家有一个极其平凡的方面，他曾以我们想象不出的程度，不辞辛苦，不拘巨细，不厌其烦地在语言文字上下功夫，修正自己，改进自己，从而超越自己。令人不能不赞叹的是，这一切在他那里显得是那么自然，那么不言而喻，似乎无须究问，无须一提。人们常说伟大出于平凡，而我们那位"不敢为天下先"的先师则说，"千里之行，始于足下"。黑格尔是字斟句酌，对语言文字充满了恭敬。他是那样精心在意地行走在语言文字的殿堂，是那样忘身在语言文字的奇妙运动，是那样着意想步入语言文字这一独特的世界。他所做的是那样平凡，平凡到平凡的人们也许不能去平

---

　　① 《伽达默尔文集》，第 8 卷，1993 年，图宾根，第 361 页。（ Hans-Georg Gadamer: *Gesammelte Werke* 8, 1993, Tübingen, S. 361 ）

凡的程度，平凡到伟大狂们绝对不愿去伟大到的程度。译者突然想起那位发现俄文是由字母组成的小说人物，他这一发现绝非像我们习常认为的那样荒诞怪异，只配我们嘲笑奚落。事实上黑格尔就曾指出人们轻蔑地当作是自己早已熟知的东西，并非就是他们已然真知的东西。译者感到分外高兴的是这次真真切切地看到一个活生生的范例，它表明那些伟大的哲学金字塔是从反复推敲每一个字和每一句话来筑基的。

译者想把自己的译本献给贺麟先生，但同时有些踌躇不安，不知自己的译本是否具备相应的条件。贺麟先生是中国黑格尔翻译和研究事业的奠基人，他在中国不只是第一个依据有关德文文本翻译了《小逻辑》，[①] 而且也依据有关德文

---

① 贺麟的《小逻辑》译本在中国是第一个从有关德文本译出的版本，这一事实从这个译本 1950 年问世以来，直到梁志学的"小逻辑"译本 2002 年出版，历经 50 多年之久和数代学人的阅读与研究，从未有任何人提出过质疑，更没有谁曾加以抹煞。贺麟曾在他的译本上白纸黑字地写明他的翻译是依据格洛克纳的德文本，他的这一说明和他的译文曾直接经郑昕、冯至、杨一之、王玖兴、汪子嵩、王太庆、陈修斋、周礼全这些专家过目，是通过了他们的眼识和尺度的。他生活和交往的范围内还有朱光潜、宗白华、洪谦、任华、朱谦之、金岳霖、冯友兰、何敬之、苗力田、沈有鼎、徐梵澄等，这些学者有的长于德文，有的长于英文，有的兼长于两者、乃至多者，而有的直接就是黑格尔翻译大家，如朱光潜。在此我们必须说到艾思奇，他不仅对黑格尔哲学怀有浓厚的兴趣，他还是海涅的译者，他的翻译水平是德国文学专家冯至所肯定的。贺麟生前多次在政治上和学术上受到可怕的批判，但即使是在那种情势下也没有任何批判者说过他的《小逻辑》不是依据德文译出来的，因而他在自己译本内的说明是虚假不实的，是作伪，是欺世。假使他的说明真的是虚假不实的，当时借此就足能从做人和治学上使他威望扫地。在贺麟逝世之前，我们也不曾口头上听到和书面上看到梁志学本人对这一事实有任何不同的说法、写法和做法。但是我们 2002 年在他的译本上却看到赫赫然地特别标出他的译本"是第一次依据德文原版译出"，而在他的"译后记"内则不加任何证明就径直在句里字间随手插入说贺麟是"依据的瓦拉士英译本"。于是事情就被改变成这样：假使梁志学的译本真的是"第一次依据德文原版译出"，假如说贺麟的译本真的是"依据的瓦拉士英译本"，那么贺麟的译本当然就断不是第一个依据德文本译出，而是依据英文本译出来的了。但是我们看到梁志学在这样对待贺麟的《小逻辑》译本后，我们还看到他在自己译本的"译后记"内在贺麟的"祭坛"前，"默默地表示"他是在贺麟走过的道路上"推进着"贺麟"开创的工作"，甚至竟把他的"译著"作为献给贺麟"百年诞辰"的"祭礼"。在《博览群书》2005 年第 9 期内《红色学者：思想与人生的传奇之旅》一文内，我们看到他以传奇的红色学者的姿态继续宣说着他的"推进"之旅。但是贺麟的思想和人生所遵循的却是一个"诚"字，"诚"构成他的哲学与道德的原则。他由于守诚而达致他的成就，也由于守诚而直面人世灾凶。我们甚至可以说他的缺点与错误是起端于太诚。他否弃不诚，他的信念是《中庸》里说的"不诚无物"。"诚"在他那里的界说不仅是说话不欺，而且意味着真实无妄，这就是说，诚对于他来说不唯是人的言行大则，而且是世界之本。因此我们如果真的是想走他希求走的道路，那就应当是在哲学和人生中首先致力于明诚，尽诚，致力于推诚。这自然也需要一定的外在条件，不利的外在条件是使不诚无物从另一意义上变成"有物"。

版本翻译了其他一些书，特别是和王玖兴合作译出了黑格尔的《精神现象学》这本十分难读和十分难译的书。他曾专门研究过翻译问题，写有专门讨论翻译问题的文章。他的翻译具有自己的蹊径和特点，是导源于严复的信雅达观念，而这一观念在《文心雕龙》这一伟大著作内有其恢弘而完整的阐述。他是一位诚实的译者，是位谦逊的人，他从不表现自己，从不满足于自己的译文，几十年如一日在翻译这块土地上默默劳作，多次自己动手和恭请同行帮助他修改自己的译文。1962 年他把译者考选为他的研究生，一再向译者讲述翻译事业的重要性，教导译者切切不要轻视翻译，并说做学问要从翻译一本书、写一个译序来起步。译者当时只是学了些俄文和英文，他强调译者应该学习德文，一定要达到使自己能够直接从德文原文翻译的程度，而且这不应当仅仅限于哲学方面，在文学上也应当进行尝试，为此还把自己多年珍存的一套德文海涅著作集赠送给译者。他了解翻译的内在逻辑，鼓励译者在翻译上努力更多地靠近原文。他鼓励译者努力达到用德文翻译中国经典的程度，努力能够用德文思维和写作。他的指教和鼓励足够译者终生去追求，去享用。假使自己在这一事业上真的有所实现，那就是一种幸福了。译者在当他的研究生时，他曾让译者翻译"哲学入门"，亲手对照德文对译稿进行修改。所谓的"哲学入门"可以看作是"哲学全书"的一个预备步骤。仿佛然缘分，译者现在又译出了"哲学全书"成型的三个版本，假如能够再次得到他过目修改，那译者就将可以轻松放心，种种自己仍然不满和仍然犹疑不定的地方也可以和他商量解决。但是先生却已逝去。

可是他的教海并不仅仅限于这个方面，而也还在其他方面。译者应当从他那里学习的还有其他更难的方面。2002 年译者以"读易忆贺麟先生"为题写了四句诗："论旨天地人神，习坎行尚维心。明德首晋自昭，成道迹随凤麟。"[①] 这四句中每一句都含一个自我发问，例如哲学上是否像在他那里一样有一可称是论旨的论旨，可称是论题的论题？面临人生大难时能否像他那样坦然自如，心志不倒？在人生和治学的道路上是否有一可称明德的准则，是否能首先要求正己，有知己之明？在思维方式和生活方式上是否和传统有接合性？先生总是使你想到自己的局限和缺点，从而理解自我教养的必要。他爱讲康德的那句名言，他总是使你不由想到你脚下是地，头上是天，而天地之间有无数人精是你的路标，

---

① 见《中国社会科学院院报》，2002 年 12 月 19 日。

而所有这些都是你在人世的命运和你的幸运，不要让自己少了什么，更不要让自己多了什么。面对这些，思及先生，我只是感到惶恐，不能不问自己是否真有他期望的那种"气象"，对他想接引自己走的这条道路自己真懂多少？黑格尔决非偶然地在他的"哲学全书"的第二和第三版结尾处附上了亚里士多德《形而上学》里的那三段话语。那些话是哲学的一块碑铭，寓有哲学的活的灵魂，它们也是约请哲学家们鉴照的一面镜子，一面大圆智镜。

译者要向在自己翻译和出版黑格尔这一著作中帮助和鼓励过自己的所有同事和朋友表示感谢，特别是他们中的这几位：

德国鲁尔大学黑格尔档案馆珀格勒（Otto Pöggeler）先生。当译者在黑格尔档案馆从事研究工作时，他是译者的"Betreuer"。在译者于 20 世纪 80 年代致力于中国翻译黑格尔全集这一工作时，是他的有关论证和他断然明朗的态度，使译者认定选取新的黑格尔全集版才是得宜的。

哈贝马斯（Jürgen Habermas）先生。他一直鼓励译者翻译黑格尔这一著作，在 2001 年访华时特地给译者带来了德国有关新的研究材料。在闻知译者已经译出初稿后，他又写信表示祝贺，谈了这一工作的意义，并劝译者要喘息一下。读了他的话，译者看到自己为之所付出的辛苦，所经受的种种折磨、欺负和作弄，就全都是值得的。

邵尔慈（G. Scholtz）先生，施乃德尔（H. Schneider）先生，耶斯克（W. Jaeschke）先生。他们是译者在黑格尔档案馆的同事。译者在翻译过程中曾遇到一些难以把握和确定的问题，曾把其中一些问题提给他们，他们在百忙之中给了及时而详细的回答。译者要感谢的还有亚默（Christoph Jamme）先生。他多年在黑格尔档案馆工作，是译者欣赏的一位黑格尔研究家。他同时是荷尔德林专家。2006 年夏经他提议和经评选委员会投票选举，译者成为国际级学者"吕内堡讲座"第四届主讲人，这同时给译者以机会和他讨论黑格尔这一著作的一些问题。这几位都是译者的旧人，在翻译黑格尔这本书上和他们相会，是一种难得的快乐。这期间我们还回忆到路卡斯（Hans-Christian Lukas）先生，他是新全集内黑格尔这一著作的编者之一，是译者必须感谢的人，可惜他已过早离开我们。

杨煦生先生。在译者翻译和出版这本书遇到巨大困难的时刻，他不只从精神上给译者以诚挚的支持，而且出过好主意，为这一译本的出版出了大力。

陈述君先生。他称得上是位"黑格尔哲学之友"。他严肃认真对待黑格尔哲学的态度，对我是一种推动力。他曾细心读我的译文，把发现的问题和他的建议用大字体工工整整写在纸上给我。这是种可敬而可贵的帮助。

译者是个愚钝懦弱的人，译者清楚知道，如果不曾有幸得到朋友和同事们那么多的鼓励和帮助，自己就根本不能做这件事情，更不要说坚持下来。1817年7月25日，黑格尔在写给万·盖尔特（van Ghert）的信中写道："为我讲课时使用的我的哲学科学全书，我在几周前已经完工……尽管哲学研究长期以来遇到的营养和鼓励不多，我还是以喜悦的心情觉察到当一种更好的哲学提供给青年人，在他们那里对它立即就显示出的关注，因此我无论是对于青年人的这一兴趣，还是对于我在这个大学的情况，都是满意的。"[1] 黑格尔在他这一著作每一版的封面上都开宗明义标明这是他给学生讲课用的教本。他自始至终想的是青年一代，这一著作可称是他和青年一代进行的一种对话，一场关乎它前后持续数十年的哲学对话。作为一位哲学教师，黑格尔对自己的学生不只充满了爱，而且充满了尊敬，他在纽伦堡任中学校长时一件被效法的事是他用"Herr"［先生］这一尊称称呼自己的学生，这至今传为一段佳话。[2] 但是他坚持认定哲学是须得教和须得学才可能掌握的，尤其是必须得学习才可能掌握的。[3] 荷马的德文译者、诗人福斯（J. H. Voss）把黑格尔看作一个具有牧人形象的奥林匹斯山人，认为这样一位奥林匹斯山牧人会比那些以超人出现的人做出更大的奇迹。译者觉得把黑格尔这本书翻译出来当有助于青年朋友们学习哲学，这是译者决心把它译全的一大动力。译者就此也向这些年来热情推动这一翻译的青年同道与胜友们致以诚挚谢意。

译　者

2007年8月8日于北京密云溪翁庄（第一稿）

2020年4月28日于北京（修改稿）

---

① 《黑格尔往来书信集》，第2卷，汉堡，第166页。

② 《黑格尔同时代人讲述的黑格尔》，汉堡菲利克斯·迈纳出版社，1970年，第115—116页。（*Hegel in Berichten seiner Zeitgenossen*. 1970, Felix Meiner Verlag Hamburg, S. 115-116）参见克利斯朵夫·海菲里希：《黑格尔传》，1979年，斯图加特，第52页。（Christoph Helferich: *G. W. Fr. Hegel*, 1979 Stuttgart, S. 52）

③ 《黑格尔著作集》，第4卷，祖康出版社，第411—412页。（G. W. F. Hegel: *Werke in zwanzig* Bänden 4, Suhrkamp Verlag, S. 411-412）

图书在版编目(CIP)数据

哲学科学全书纲要：1817年版/(德)黑格尔著；薛华译.—北京：商务印书馆，2021(2022.8 重印)
ISBN 978-7-100-19521-8

Ⅰ.①哲…　Ⅱ.①黑…②薛…　Ⅲ.①德国古典哲学　Ⅳ.①B516.35

中国版本图书馆 CIP 数据核字(2021)第 030311 号

哲学科学全书纲要
1817年版
〔德〕黑格尔　著
薛　华　译

商 务 印 书 馆 出 版
(北京王府井大街36号　邮政编码100710)
商 务 印 书 馆 发 行
河北松源印刷有限公司印刷
ISBN 978-7-100-19521-8

2021 年 6 月第 1 版　　　　开本 787×1092　1/16
2022 年 8 月第 2 次印刷　　　印张 16¼
定价：92.00 元